行動傾向分析で磨く

株式会社ワイズエフェクト
余語まりあ

個性を活かすリーダーのコミュニケーション

同文舘出版

はじめに

「どうしたら人とうまく関わることができるだろう」。あなたも一度はそう思ったことはありませんか。

どんなにＡＩの技術が発展しようが、ＳＮＳや連絡ツールが増えようとも、人にとって永遠のテーマは「コミュニケーション」ではないでしょうか。

私自身、コミュニケーションについて、子ども時代から悩みがありました。実年齢より上に見える大人びた外見から「とっつきにくそう」と誤解されることが何度もありました。今でもよく言われるのですが、「見た目と違って、熱い性格で情が深いのだね」と、クールに見える外見から嫌な気持ちになったことが何度もありました。また、私の性格からくる失敗もあります。友達との会話では共感するより前に「それはこうしたらいいいよ」と結論めいた意見をすぐに言ってしまい、「わかってほしいだけなのに」とがっかりされてしまうことも少なくありませんでした。

そのような経験から、人は見た目の印象でその人に対してイメージを持つのだと気づき、印象について学び、自分自身の持つビジュアルの特徴や服装の効果などを工夫してきました。

その後、話し方、使われる言葉の印象、こだわりポイントに人の価値観が現われることを知り、人との関係性を築くために重要だということを知りました。本書では、その理解を深めるための手法として、パーソナリティ心理学に基づいた「Everything DiSC®」アセスメントを通じて得られた体験から、私の事例をもとにお伝えします。

私が企業研修を行なう中で感じているのは、年々、社内のリーダーに対してその役割や期待されていることが増えているということです。情報化、スピード時代において、リーダーの存在は、企業成長にとってますます不可欠な存在になっています。

研修会社には、企業の課題解決のため、研修のご依頼をいただくことが多いのですが、コロナ禍以降、オンラインでも仕事が可能になり、ハラスメントにも敏感になる中で、現場にいるリーダー向け研修のご依頼がかなり増えてきています。つまり、企業としてはリーダーを育成することが急務になっているということでしょう。

そこで今回は、若手リーダーや部下を持ったばかりの方々にとって一番気がかりであろう「コミュニケーション」についての手引書を執筆しました。

リーダーとしての仕事が増えるということではありません。自分自身の価値や特性を改めて知ることで、自分と関わる部下やまわりの方とよりよい関係性を築くために、この書籍で紹介している方法を試してみてください。ここでは、自己理解や他者理解のための具体的な事例や体験談を紹介していますので、それらを参考にしながら、自分自身を見つめ直し、他者との関係を深めるヒントを得ていただきたいと思っています。そして、コミュニケーションスキルだけではなく、「人間力」を磨くきっかけにしていただきたいと思っています。

「多様性の時代」と言われ、お互いを知り、認めていこうという動きがある中で、外見は個性として認知されながら、内面的な多様性はなかなか知ることもできず、受け入れられないでいるというのが実状です。それは、各自の「価値観」や「べき論」があるからです。

そこで本書では、人の動機や思考が現われる「行動」に着目しながら、リーダーとして人間的に成長するポイントや人との関わり方をお伝えしていきます。自己理解しながら他者のことも理解し、あなた自身がどのような人生を生きていきたいのかを考えるヒントになれば幸いです。

社会にとって人は「宝」です。その宝を活かすも活かさぬも、自分次第です。現状の環境を受け入れながら自分軸で楽しく豊かな日々を重ねていくためにも、自分を知り、自分が関わる人とよい関係性を築いて、いい時間を過ごせるような手立てを知ると、そこに「成長」が生まれます。

人には、一生のうちに持つことができるさまざまな財産があると思います。それは時に「お金」「家」「車」など、目に見えて数値にしやすいものでしょう。または、「家族」「人脈」「部下」のように、人間関係の財産もあります。

そしてもうひとつ、自分の中にある「自己成長」という財産もあるのです。

それは、自分次第で何かを切り拓いたり、何かに挑戦したり、今持っているものの捉え方を変えることなどで身につけることができます。

最近は、リーダーの立場になると大変なことばかりだと思われる方も少なくありませんが、実は仕事を通して「自己成長」という一度身につけたら失うことのない「大きな財産」を手に入れることにつながるのです。

人生は一度きりです。

さまざまな経験は何よりも自分を成長させてくれるチャンスです。

さあ、楽しみながら自分を知り、よりよいコミュニケーションスタイルの手立てを身につけて、自己成長していきましょう。

『行動傾向分析で磨く
個性を活かすリーダーのコミュニケーション』 目次

2章

自分自身の行動スタイルを知る

3章

メンバーの行動スタイルを知る

4章

部下が自ら話したくなる！リーダーの前向きな「聴き方」

5章

知りたいと思ってこそ「質問力」の効果が発揮

6章 励ましコミュニケーション「アクティブスピーチ」

7章

メンバーのモチベーションの源を知ろう

8章

成長欲求を呼び起こせ

おわりに

カバーデザイン　ホリウチミホ（ニクスインク）
本文デザイン・DTP　マーリンクレイン
執筆協力　但馬 薫

プロローグ

個性を活かす
リーダーになろう

時代が求めるリーダー像「かっこいい」の変化

「やっぱり大河ドラマも変わったな」――。2023年にNHKで放送されていた大河ドラマ「どうする家康」を見ながら、私は時代が求めるリーダー像の変化をひしひしと感じていました。徳川家康という日本人なら誰でも知っている戦国武将は、これまでの大河ドラマとはまったく違う描かれ方をしていました。

圧倒的な力で戦いを制していく織田信長や、強いハングリー精神で農民から天下統一の大将軍にまで成り上がった豊臣秀吉に象徴されるように、これまでの大河ドラマでは、圧倒的な力とキャラクターで、いかに道を切り拓いていったかという点にストーリーの焦点があたっているドラマが多かったように思います。

徳川家康も過去に何度も大河ドラマに取り上げられてきましたが、今回はスポットライトのあて方が違いました。「どうする家康」というタイトルにもある通り、今回の家康は、「強さ」や「カリスマ性」、あるいは「圧倒的な力」を誇示するキャラクターというより、ときに自らの弱さに歯がゆさを感じ悩みながらも、家臣たちとの絆を深め、一体感あるチームをつくり上げていく様に視聴者も引き込まれたのではないでしょうか。

ドラマの構成としても家臣たち一人ひとりの個性や強みに焦点があたり、彼らの強みを活かし、いかに組織力を高め、チームを継続するのかというマネジメントの視点で描かれていたことがとても印象的でした。

大河ドラマに限らず、メディアは時代の変化を敏感に察知し、それをうまく表現しています。メディアの論調の変化を見ていると、時代の変化がよくわかるものです。

長年続いてきた大河ドラマにおけるリーダーの描かれ方までこのように変わってきたということは、これまでのような「圧倒的な力を誇示して、カリスマ性で大人数を束ねるリーダー」こそが正しいという考え方は、見直す時を迎えたと言ってもいいでしょう。

リーダーの「かっこよさ」がまさに今、塗り替えられようとしています。

明治から昭和、そして戦後の復興を経て「組織」というものが形づくられる中で、人々が求めていたのは、毎日ご飯が食べられること、雨風がしのげること、安全であることなど、生きていくために最低限必要の欲求でした。

戦時中や戦後の復興期において顕著ですが、多くの人々が今日食べるものに困り、いつ敵が攻めてくるかもわからないような環境の中では、そうした根源的な欲求をいち早く満たしてくれる人がリーダーとして求められていました。

後々にはいろいろな問題がありましたが、象徴的なのは、第64代・65代の内閣総理大臣、田中角栄氏です。迅速な意思決定力と強力な実行力で全国的なインフラ整備を短期間で推進し、国民の生活水準を大幅に向上させました。田中角栄氏のような強力なリーダーシップを持ち、組織を動かしてきた方々（政治家のみならず）が日本の経済成長と生活レベルの向上に大きく貢献したことは言うまでもないでしょう。

一方で、反対意見を押し切って物事を強引に推し進める姿は、今の時代ではきっと通用し難いでしょう。今や日本のどこに住んでいても、基本的には誰でも便利で安全な暮らしをすることができます。あってはならない天災などイレギュラーなことが起こらない限りは、インフラも整っていて、衣食住に困るということはほとんどなくなってきました。そうなると、「お金」や「便利な生活」といった豊かさだけでは人はついてこなくなるのです。

今、受け入れられるリーダー像とは

今時のリーダーシップとして象徴的なのは、２０２３年にＷＢＣ（ワールド・ベースボール・クラシック）で侍ジャパンを14年ぶりに優勝に導いた栗山英樹監督ではないでしょうか。

栗山監督はいわゆるトップダウン的なリーダーシップではなく、自分が主役となるような話し方をすることはほとんどありません。常に選手にフォーカスし、選手と対等な目線に立ち、選手の個性を活かしながら主体性を引き出すリーダーシップのあり方に注目が集まりました。栗山監督の著書によれば、日本ハムの監督時代から、選手の個性を活かすスタイルを徹底していたそうです。大谷翔平選手を異例とも言える二刀流で起用したのも、そのポテンシャルを信じた栗山監督の発案というのは有名な話ですね。

自分の考えや価値観を貫き、支配するようなマネジメントスタイルは通用しなくなり、栗山監督のように、**一人ひとりの個性や成長にスポットをあててチームの総力を最大化するあり方**にシフトしていくことでしょう。それは、「豊かさ」の定義が進化したからかもしれません。

平成から令和にかけてマネジメントスタイルは激変した

本書ではこれからのリーダーについて考えていきますが、その前に一度立ち止まり、次のことを振り返ってみてください。

「自分自身はどういうマネジメントを受けてきたのか」

なぜならば、誰でも自分が部下時代に受けていたマネジメントスタイルが、自分のマネジメントにもよくも悪くも影響するからです。

卵から孵ったばかりのヒヨコは初めて見たものを親だと思い、その後をついていきます。私たち人間もそれに近いことをしてしまいがちです。たとえば育児においても、親のロールモデルはほとんどの人にとって自分の親になります。意識的にしろ、無意識識的にしろ、自分が受けてきた育児のあり方が自分の子育てに影響を与えていることが多いものです。

マネジメントについても同じで、**自分に最初についた上司があなたにとっての上司としての強いロールモデルになっていませんか。**特に初めて部下を持った時などは、その当時の真似から入る人が多いでしょう。

それ自体は自然なことなので悪いことではないのですが、気をつけなければいけないことがあります。

それは、平成から令和にかけてマネジメントのスタイルが大きく変わってきたという事実です。マネジメントを含めて、人との関わり方が２０００年以降、大きく変化してきました。

今40代のリーダー層が、かつて新入社員時代に受けていたマネジメントをそのまま行なおうとしても、この20年の間に状況がかなり変わり、そこに大きなギャップが生まれているということです。

かつてのやり方が通用しなくなってきた今、これからリーダーになる方々には、ご自身のリーダーとしてのあり方をフラットに見直してほしいと思います。

一人ひとりが自立して個性を発揮する時代へ

これからのマネジメントを考える上で外せないキーワードが、**人材を〝財〟として捉えた「自律・自率・自立」**です。

リーダー自身もその部下も、自らを律して、自らを率いて、自分が自分のリーダーになることで、自らの足で歩んでいくことが理想です。ビジネスパーソンとして、人として、家族として、夫・妻として、親としてなど、さまざまな役割がある中で、**「自分がどうしたいか」というゴールが見えていて、それを目指している状態こそが望ましく、必ずしも完成形である必要もない**と思うのです。

これまでであれば、給料をいただき、安全で快適な生活を送れることが最優先であり、自分が会社の〝歯車〟となる生き方をしていれば生活は安泰で、人生の満足度も高かったはずです。しかしより高い次元の「豊かさ」の欲求を満たそうとする人が増え、幸せのあり方も多様化していきました。さらに世の中の不確実性がますます増していくこれからの時代には、自分なりの「豊かさ」へのゴールや世界観がなければ迷子になってしまいます。

そして、自分が望む「豊かさ」へのゴールを設定するためには自分がどうなりたいかだけでなく、**そもそも自分にはどういう特性があり、何が強みで、どんな能力を備えているのかもセットで知っておく**必要があります。

ＡＩなどの技術の進歩がさらに進み、これまでは人が行なってきた仕事もどんどんロボットに取って代わられることが増えていくとも言われています。日本においては人口減少も同時に加速していくため、雇用という意味では何かしらの仕事は残るかもしれません。ただ「自分らしさを発揮しながら働く」ためには、その〝自分らしさ〟がどこにあるのかをわかっていなければいけないでしょう。

個人の特性を重視するリーダーシップを持とう

ここ数年、仕事に対して「やりがい」を求める人が急激に増えました。学生たちの就職活動の際にも、**「やりがいが持てる仕事かどうか?」**は外せない点です。この後も触れますが、「やりがいがある仕事」とは、単に対価やポジションによるものではなく、**仕事をすることで精神的に満たされるものがある**ことを言います。お金だけでは満たされなくなってきた中で、達成感や充実感など、別の価値が重視されるようになってきました。

もちろん「やりがい」は大切なのですが、気をつけなくてはいけないのは、**「個々のやりがいは、リーダーが決めつけるものではない」**という視点です。成功体験を積んできた自負がある人ほど「こういうふうにやれば、仕事は楽しいはず。やりがいを感じるはず」と自分の価値観を部下にも押しつけてしまうことがありますが、何に仕事のやりがいを感じるかは人によってさまざまなのです。まずはその前提に立ち、この人はどういうふうに働き、どういうふうに生きていきたいと思っているのかを想像することが大切ではないでしょうか。

私は、これからのかっこいいリーダーの条件のひとつとして「**自分の考える幸せを明確に持ち、他人の幸せも認められる人**」ということを考えています。そもそも自分が描いている幸せのゴールイメージが言葉にできていない人は、きっと他人の幸せがどこにあるのかも見つけられないでしょう。

そして、自分の幸せの価値観はあくまで個人のものなので、**部下の価値観は部下の価値観として受容できるゆとり**も必要です。

すべての人は、トータルの「幸福感」を求めている

一昔前であれば、その人を表現する上で「仕事」の比重が高く、幸せの尺度としても、どのような会社に入り、いくら稼ぎ、どのポジションに上がれるかという視点だけでした。そのため、どんな部下に対しても「これをやれば稼げるぞ」「出世できるぞ」というわかりやすいインセンティブで人を動かすことができました。

しかし、これからの幸せはひとつの枠の中には収まりきれません。リーダー世代もこれから社会に出ていく若い世代も、仕事だけから得られるものではなく、**トータルの「幸福感」**を求めるようになっています。

会社、業界、家庭あるいは趣味のコミュニティなど、自分が所属するさまざまな組織・コミュニティの中で自分がどのような役割を担っていくのか、何を目指すのかというゴール設定が本人の「幸せ感」に大きく影響するようになったのです。

この時、会社の中にいる自分も、家族の中にいる自分も、それぞれが別のものとし

三角形から多面的な立体へ

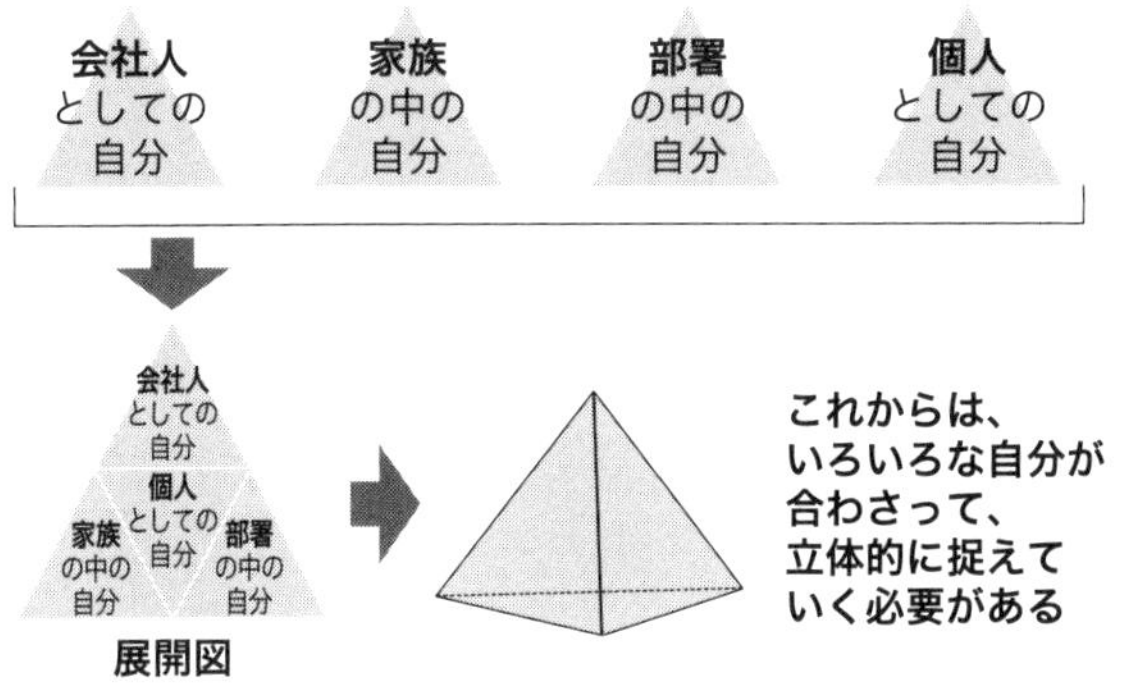

て分離しているわけではなく、**ゆるやかに混ざり重なりながらリンクし、自分という存在や自分の生き方を形づくっていきます。**その人を表わすものがこれまでのような平面の三角形から、より立体的で多面的なものに進化してきているようなイメージです。

　このトータルの幸福感をリーダー自身が明確にイメージし、言葉として伝えられるかどうかがチーム全体の士気にも関わってきます。自分の幸せの軸を明確に持って、それを言葉で伝えられる人は、チームによいエネルギーを発信し、結果的にそれがポジティブな影響を与え、部下のモチベーションも上げていけるでしょう。

1章

これからのリーダーのあり方

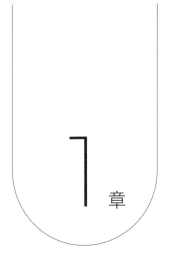

「マネジメント」の本来の意味

「リーダーシップ」と「マネジメント」の言葉の違いを知っていますか？
「リーダーシップ」とは「あり方」や「生きざま」を示すことであり、明確なビジョンを見せながら、人々に影響を与え、ときに成長や自己実現を促します。人を巻き込む力であるとも言えます。

一方で、「マネジメント」とは**組織運営のスキルであり、計画や管理を通じて組織の目標達成を支援することを目指す言葉**として使われています。部下育成、目標設定や進捗管理、さらに組織の仕組みや環境をつくることもマネジメントに含まれます。本書は、この「マネジメント」に軸を置いて展開していきます。

「マネジメント」という言葉の語源はイタリア語の「maneggiare（マネジアーレ）：**馬を手綱で操る**」という言葉です。実はビジネス用語には馬術に関するキーワードがたくさん隠れています。「マネジメント」という言葉も単に組織運営のスキルとして捉えるのではなく、馬を乗りこなすようなイメージを持って考えるとより本質的な理解ができるようになります。

その視点で競馬や乗馬のことを調べてみると、実は部下育成と「馬を乗りこなす」ことには共通点がたくさんあることがわかりました。部下を馬にたとえることに違和感を持たれる方もいらっしゃるかもしれませんが、ここでは言葉の理解を深めるためにあえて馬術や乗馬を例に出しながら説明をしていきます。

乗馬では、馬との信頼関係がないと乗ることすら困難と言われていますよね。競馬も、どの騎手が乗るかによって結果に大きな違いが出ることがあります。まさに部下育成に似通うところが多いのです。

ある時、偶然に上がってきた〝動物感動系〟の YouTube で競馬のシーンがあったのですが、そのレースで、落馬が発生してしまいました。騎手の方は、自分も怪我をしているかもしれないのに、真っ先に馬のところに行き寄り添っていました。その姿がとても印象的で、YouTube でもかなりの再生回数だったと記憶しています。動画を見た多くの方が心を動かされたのでしょう。私もその中のひとりです。

その姿を見ながら私は、「これもマネジメントのひとつかもしれない」と思いました。部下が何か失敗をした時に、自分に飛び火しないように真っ先に逃げてしまう上司もいます。しかしその騎手のように寄り添い、一緒にこの状況を乗り越えようとしてこそ、本当の信頼関係が生まれるのだと思いました。

部下との信頼関係を築くための大前提

馬具、乗馬用品を扱っている会社の方に、「道具がいいと、うまく乗りこなせるのですか?」と聞いてみたことがあります。すると、**道具の数々は本来馬に負担をかけないためのもの**だと教えていただきました。中にはおしゃれな乗馬用品もありますが、特に初心者向けのセットは、馬に負担を与えず馬との良好な関係性を育むためのものというポイントで選んであるそうです。

確かに、はじめから不快だと思われていたら信頼関係を築くこともできず、乗りこなすことは到底できません。ここもやはり組織におけるマネジメントに共通するポイントであり、リーダーには「自分が周囲からどう見られるか」以前に、**「部下がどう感じるのか」「不快感を与えていないか」**という土台を整える意識を持ってほしいと思います。

若手が望む「自己承認」「自己肯定感」「自己重要感」

特に、40代以上のリーダー層がマネジメントを受けてきた時代と令和の今では、急激に何もかもが変わってしまっています。この事実が、現代のマネジメントをより一層複雑にしています。一昔前までであれば「俺の背中を見ろ」と自分のあり方を見せて学ばせ、自分と同じように行動させることで部下育成が通用していたかもしれませんが、もはやその〝背中〟が現代では通用しないのです。社会通念が変わり、**働き手は性別・国籍・働き方まで多様化し、仕事に求める価値観も大きく変わりました。**

ここからは「マズローの欲求5段階説」に沿って考えてみたいと思います。アメリカの心理学者アブラハム・マズロー氏が発表した人の欲求を5つの段階に分類したも

マズローの欲求5段階説

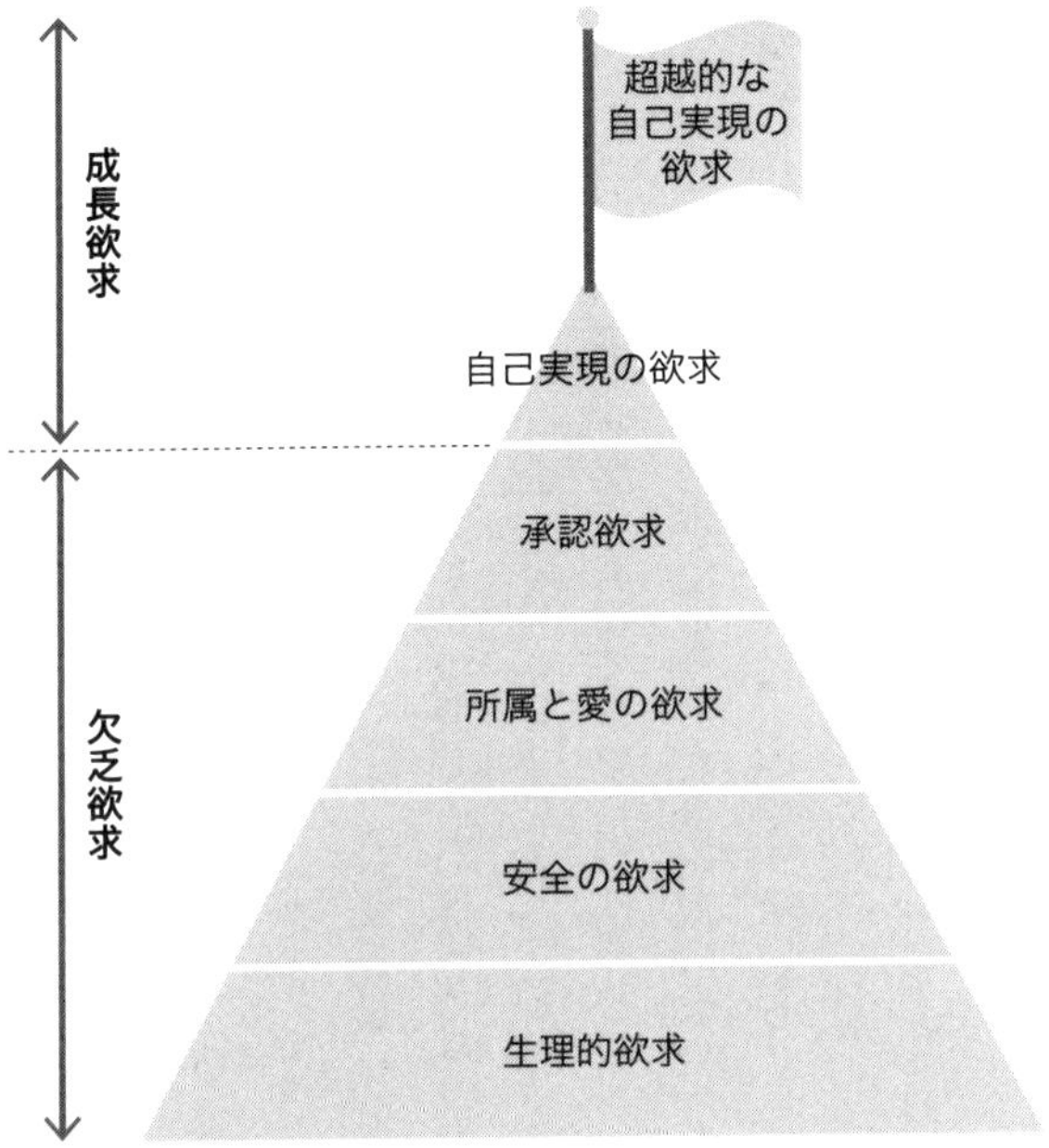

のです。下にいくほど、より根源的で本能的な欲求であり、低い階層の欲求が満たされることによって次の段階の欲求を求めるようになる、と考えられています。

人々は長らく「生存の欲求」「安全の欲求」といった根源的な欲求を満たすために活動をしてきました。仕事は、お金や地位を得るためにするものであり、おいしいものを食べることやいい家を持つことなどが、ほとんどの人の幸福感に直結していました。ところが、戦後の何もない状態から見事に復興し、高度経済成長期を経て、今や日本のどこにいても誰もが安心して、食べるものを手に入れ生活できる環境が整えられました。すると私たちの欲求はより高い次元のものに移り変わっていきます。

人々とのつながりを求める「所属と愛の欲求」、自分を認めたい、認められたいという「承認欲求」、さらに能力を発揮して、自分にしかできないような何かを成し遂げたいという「自己実現の欲求」が満たされることをプライベートでも仕事でも求めるようになりました。

就職の際にも、給与や安定性、知名度ではなく、「やりがい」や「自己成長」を軸に会社を選ぶ人たちが増えてきました。

「自己承認」が苦手な若者たち

そのような中、若者たちにとって「自己承認」「自己肯定感」「自己重要感」が大切になっていています。この傾向はここ十数年でますます強くなったように感じます。

その理由のひとつは**インターネットやSNSの普及により、他人と自分を比べる機会が増えた**ことです。

そして**「多様性」**という概念が生まれたことも大きく影響しているでしょう。働き方も家庭のあり方も、自分との向き合い方も、すべてにおいて、**万人に共通する正解がなくなり、かえって不安を感じたり、幸せを見失ったりしてしまう人**も大勢います。

「自己承認」とは、自分自身の存在や行動を肯定的に受け入れることを指します。自己承認ができている人は、自分で自分の価値を認め、自分の意見や感情を尊重することができます。「自己承認欲求」という言葉がありますが、本来の自己承認は、他者からの評価や意見によって左右されず、自分自身の内面的な価値を認識することに重きを置きます。しかし実際には**「自己承認」ではなく、「他己承認」を求めてしまう人**が多く、いつまでも満たされないままもどかしさを感じたり、逆にインターネットで自分の実力不相応に高く評価されすぎてしまい、現実とのギャップに苦しんだりしている人もいます。

毎年、新入社員研修を担当させていただいておりますが、年々**「自分を認める」ことが苦手な人が増えている**と感じます。強みと弱みを書き出すワークをしても、出てくるのは弱みばかりで、自分の強みを10個以上書ける人は稀です。自己紹介でも、苦手なことやできないことなどマイナス面を語り出す人が増えています。

「自己承認」が苦手なのは、何も今のZ世代の若者だけではありません。本書を読んでくださっている30代、40代のリーダー層の方の中にも、うまく自分を認められず迷っている人がたくさんいることでしょう。

ところがその上の50代以上の「モーレツ社員」「企業戦士」と言われていたような世代の方々は（当時は「自己承認」という言葉はありませんでしたが）、自分を認め自分のやってきたことに自信を持っている方が多いように見受けられます。

この違いは、**成功体験の積み上げの数**だと私は考えています。50代以上の、いわゆる「24時間働けますか」世代の方々は、「合っている／間違っている」に関係なく、とにかくがむしゃらに働いていました。その結果、もちろん多くの失敗もしたとは思いますが、成功体験や実績も多く積んでいます。

一方で、40代以下になると、**「失敗すること」を嫌う傾向**が強くなります。学校教育では「読み書きそろばん」と言われるように、自ら発するというより受け身の姿勢で、正解かどうかだけを見られてきました。さらに、評価される対象が自分のまわりの人だけだったのに、SNSがある今、世界中に広がり、**まわりの目が圧倒的に増え「完璧にしなくてはいけない」という思い込み**を強く持っている人が多いのです。

失敗や欠点を過剰に気にして、**「とりあえずやってみて、失敗したらそれもまた経験」と考えることができずチャレンジを避け続けてきている**ので、成功体験を積む機会も少なく、結果的に「自己承認」ができないままになっている人が増えてきています。

「自己肯定感」はいつからでも高められる

「自己肯定感」は、「自己承認」と似た感覚ではありますが、より広範な意味で自己の全体像を肯定することを含みます。「自己肯定感」が高い人は自分自身を前向きに捉えることで、長所も短所も含めて自分を受け入れることができます。**「自分を信じる力」**と言い換えてもいいかもしれません。

WHO（世界保健機関）が発表している「世界幸福度ランキング」の2020年調査では日本は62位。国連が2024年に発表した「世界幸福度レポート」では日本は51位と発表されるなど、毎年、先進国の中でも日本人の「自己肯定感」が低いことはニュースでもよく取り上げられています。

「自己肯定感」に関する意識は学校教育にも取り入れられはじめていますが、ビジネスの世界でも注目されるキーワードのひとつでしょう。新入社員研修でも、昔はビジネスマナーなどのテクニックを教えてほしいというご依頼がほとんどでしたが、近年は「自己肯定感」を含めたマインド面の強化を求められるようになりました。むしろテクニックは動画や現場でも教えることができるので、マインドセットに重点を置いてほしいという会社もあるほどです。

今年は、担当したすべての研修で「自己肯定感」に関するセッションを入れました。そこでは**「自己肯定感は、自分で気づき高めていくものですよ」**という話を必ずしています。「自己承認」も「自己肯定感」も、**他人の評価ではなく、自分が自分自身をどう捉えていけるかどうか、つまり捉え方次第**です。

実際のできる・できないは一切関係がありません。また、生まれ持って決まっているものでもないので、仮にこれまで「自己肯定感」が低く生きてきたとしても、仕事を通して経験を重ねていく中で、少しずつ培っていくことができるのです。

私自身も、もともとは人生において「自己肯定感」が高かったわけではなく、初期キャリアの仕事との出会いが「自分次第で自分の人生の捉え方を変えられる」と気づくきっかけになり、「自己肯定感」を育めるようになりました。

「自己重要感」が求められている理由

次に「自己重要感」とは、**自分が他人や社会にとって重要であり、価値があると感じる感覚**です。「自己承認」や「自己肯定感」と違い、この「自己重要感」は**他人から評価されたり、褒められたり、認められたりすること**でより高まります。

「自己重要感」を求める傾向は、コロナ禍でことさらに加速したように感じています。コロナ禍では人と人との関わりが遮断されました。接客サービスが止まり、上司と部下も画面越しのコミュニケーションが当たり前となり、家族ですらほとんど接触せずに過ごすという人もいたほどです。

そんな生活が2～3年続き、オンラインでの間接的なコミュニケーションに慣れた結果、私たちは知らず知らずのうちに**リアルの場面に対して異常に期待する**ようになりました。ただ会う、ただ買い物をするだけであっても、**「わざわざ行ったことに対する価値」**を求めるようになったのです。

歯科クリニックなど、コロナ禍においても対面サービスを提供していたところでは「わざわざ行ったのに、対応がよくなかった」という利用者からの口コミが増えるようになりました。クリニックでの接客が変わったわけではなく、変わったのは利用者側の価値観です。また接客業に限らず、BtoBのビジネスの場でもコロナ禍以降「わざわざ会いに行ったのに」「リアルなのに」という言葉が聞こえるようになりました。

では、どういう時に「わざわざ行った（会った）甲斐があった」と思うのでしょうか。それは**「自分を大切に扱われた」と感じた時**です。自分に視点があたったサービスを受け、「自己重要感」が満たされることに、リアルで人と関わる価値や意義を見出すようになっています。

日常で「自己重要感」を重視する人は、仕事にもその感覚を持ち込みがちです。特にタイムパフォーマンスを重視するZ世代は**「わざわざやる意味」を求める**人が少なくありません。上司であるあなたのやり方は変わっていなくても、それを受ける部下の価値観が大きく変化していることは意識しておいたほうがいいポイントでしょう。

それぞれの特性を活かせば大きなパワーになる

今は多様化の時代。人にはそれぞれ個性があり、得意なことや強みは人によって違うという考え方は広く受け入れられるようになりました。リーダー自身も強みを活かしていくことで結果を出すことができ、マネジメントにおいても部下の強みを伸ばしてあげるような関わり方をすることで、チームとしての総合力を引き上げることができます。

そのためには、そもそも**「自分の／この人の『強み』は何なのか」**ということを見出さなければいけません。前項でも書いた通り、若い世代の人はネガティブな面に焦点をあてがちで、自分の強みを自覚できていない人がとても多いです。せっかくよい

仕事で身についたことを棚卸ししよう

仕事をはじめてからこれまでに、どのようなものが得られましたか？

① 資格や賞など
例：キャリアコンサルタント資格、パソコンの資格

② 身につけたスキル
例：テレアポ、プレゼンテーションスキル

③ 参加したプロジェクト・仕事での具体的な経験
例：行政のプロジェクト、スポーツイベント

④ 仕事を通して身についたコミュニケーション
例：自分の年齢よりはるかに離れた方とのコミュニケーション

ものを持っていてもそれを認識できていなければ、活かすこともできません。

読者のみなさんは、自分の強みをしっかりと認識することができていますか？

まずは、リーダーとなるまでにどのようなものが身についたのか、自分のスキルを棚卸ししてみましょう。上図の項目を、実際に紙に書き出して埋めてみてください。

ここでの目的はリーダー自身の強みを見つけることではなくて、こうした**プロセスを自ら体験することで、部下**

の強みを引き出す術（すべ）を身につけることです。

リーダー研修でこのワークをやると、ほとんどの方がスムーズに書き出すことができます。ところが、一般社員クラスの方に同じ問いを投げても、答えられない人も多いのです。そこをうまくサポートして、本人が自分の強みや成長に気づくきっかけを与えるのがリーダーの役割でもあります。

自分の個性や強みを自覚している人とは

自分の個性や強みを自覚できている人と、そうでない人の違いには大きく3つのポイントがあります。

ひとつ目は**自分自身を客観的な立場から捉えること、つまり俯瞰して自分を認知しているかどうか**です。就職活動の時に「自己分析」を経験しますが、それ以降は自分としっかりと向き合う機会を持てていない人も多いのではないでしょうか。さらに、就職の時の自己分析はあくまでも企業に対して自分をPRすることが主旨となっているため、本質的な自己理解になっていないこともあります。

2つ目が**家庭や学校などで否定的なアプローチを受けてきたか、肯定的なアプローチを受けてきたか**、です。何をやってもダメ出しばかりされる環境で育つと、必然的にマイナスに意識が向き、「できないこと」ばかりが気になるようになります。

そして3つ目は、**成功体験を積んできたかどうか**、あるいは**成功体験を自覚できているかどうか**、です。成功体験がないという人の中にも、経験そのものが乏しい場合と、すごいことを成し得ているのにそれを自分で「成功だ」と思えていない場合があります。

否定的なアプローチばかり受けてきた人や成功体験が乏しい人は、どうしても自己肯定感も低くなりがちです。そういう人に対しては、ネガティブなことが起こった時に、それをどうプラスに転じる行動を取ったのかを引き出す質問をします。

たとえば私の場合、実はとてもストイックな家庭に育ち、子どものころから家の中にいる時が一番緊張していたほどでした。なぜなら、行動を常に注意されていたからです。何かをやったら「遅い」と言われ、テレビを見ていたら「テレビを見ているだけなんてもったいない、手は使えるわよね」と、時間を無駄にしないように、常にてきぱき動くように言われていました。そのおかげで今は、やりたいこと、やらなければならないことの工夫が得意になり、現状を打開する術を身につけ、特に料理はかなり手早いとのちのち母にも褒められたのが面白いものです。

人は、感情がマイナスのまま居続けることはできません。必ず何かしらプラスに転じるための行動を取っています。マイナスに落ち込んだ心を助けるため、どう行動したのかを深掘りすることで、そこにその人の個性や強みが隠れていることもよくあります。

会社の愚痴を言っている上司に部下は聞く耳を持たない

どんなタイプのリーダーであったとしても、基本的にネガティブな発信が多い人はメンバーから憧れられることはありませんし、話を聞く耳すら持ってもらえない環境をつくってしまっていると思ったほうがいいでしょう。

上司がメンバーの前で愚痴やネガティブな発言をしてしまう場面には、大きく2つあります。

ひとつは**気を許しすぎてしまっているケース**です。誰しも上司の前よりも、部下の前にいたほうが気は楽ですし、つい本音が漏れてしまいがちです。さすがに「疲れすぎた」「仕事嫌だな」というレベルの愚痴はないでしょうが、会社の方針に対して「現場のことをわかってない」といった発言をしてしまっている人が大勢います。それに対して大したリアクションがなかったとしても、メンバーはちゃんと聞いています。

そしてもうひとつが**「共感」を勘違いしているケース**です。これがとても多いです。昨今、仕事に限らずコミュニケーションで最重要視されているのが「共感」です。マネジメントにおいてももちろん注目されているキーワードで、「共感型リーダーシップ」という言葉も生まれています。共感型リーダーシップとは、メンバーの考え方に耳を傾け、それらを理解し尊重することに重きを置いたリーダーシップのスタイルです。しかし、ここに大きな落とし穴があります。

「共感」を間違えずに使うポイント

実際に管理職の方に話を聞いていると「『共感』を使っています」と言われるのですが、掘り下げて聞いてみると、逆効果になってしまっている人がかなりいます。ここで具体的な場面を想定しながら考えてみましょう。

「最近残業が多くて、大変なんです」

たとえば部下がこんな相談をしてきたとします。あなたならどう対応しますか？

パターン①

部下の言葉を否定する・受け止めない（共感しない）

「いや、みんな頑張っているんだから我慢してよ！」

「残業が多いのは、きみの仕事が遅いからでしょ？」

「こんなの残業が多いうちに入らないよ」

こうした受け答えが正しくないことは、あなたもわかるはずです。難しいのが次のパターンです。

パターン②

部下の感情に共感する

「残業多くて大変だよね。僕も困ってるんだよ」

これが、多くのリーダーが勘違いしている共感のパターンです。部下に共感したい、コミュニケーションを取りたいという気持ちからマイナス感情に共感をしてしまっています。

上司としては目の前の部下との親密度を上げるために部下目線に立って発した言葉かもしれませんが、それを言われた部下が別の人に「○○さんも残業しんどいって言ってました」などと吹聴することもあります。

また、その会話を隣で聞いている人がいたら、「この人は管理職なのに、会社の愚痴なんて言っているんだな」と引いているかもしれません。「あなたの気持ちをわかってあげているよ」という間違ったポーズを取ってしまったがために、結果的に部署全体の士気が下がってしまうことすらあるのです。

では、どうすればいいのでしょうか？　それは、事実に共感した上で、**メンバーが抱いているマイナスの感情をプラスに転じられるようにサポートをする**ことです。

■パターン③ 事実にのみ共感し、マイナス感情をプラスに転じさせる方法を探る

「今月の残業時間は○時間くらいだから、確かに多いね」と言って、「残業が多い」という事実に共感する。↓状況を把握する質問をする

「残業時間が増えている理由はなんだろう?」

「この時間を減らす方法ってあるかな?」

このように質問を投げかけることで、部下自身の仕事のやり方に問題があるのか、会社からの指示に問題があるのか、他部署とうまく連携が取れていないのか、など状況を把握することができるようになります。状況が把握できれば、取るべきアクションが自ずと見えてきます。

リアクションは部下がするものではなく、上司がするものに変わった

毎年、新入社員研修を担当させていただいていますが、この3年間で如実に変わったのが「リアクション」の大きさです。**年々リアクションが小さくなり、喜怒哀楽を表現するのが下手な人が増えている**なと思っていましたが、コロナ禍を経て一気にその傾向が加速しました。

私は講師業が長いので、相手の目を見れば、理解しているかどうかはほぼわかります。しかしそれでも困るくらい、最近の新人はとにかくリアクションがありません。頷きも「コク」と小さく首を動かす程度で、あとは全員ひたすら目を開いてこちらをジッと見ているんです。リアクションがないからと言って聞いていないわけではなく、

ちゃんと聞いているし頭の中で考えてもいます。

現場のマネジメントでも同様のことが起きています。指示を出しても、褒めても、叱ってもリアクションが小さすぎて、「本当に聞いているのかな？」と不安になってきてしまい、つられるようにリーダーのリアクションまで小さくなってしまうのです。

しかし、その逆の行動が必要です。**相手のリアクションを引き出したければ、自分からリアクションを大きくすべき**です。すると「返報性の法則」が働き、次第に「こちらも同じようにしよう」と、少しずつリアクションが出るようになっていきます。

昔であればリアクションを取るのは部下の役目でした。しかし、今ではそれは通用しません。「積極的に関わっているよ」とアピールし、メンバーのスイッチを入れるためにも、リーダーから歩み寄りましょう。

信頼できるリーダーとしての印象づくり

多様性の時代になり、第一印象だけで決めつけてしまうのはよくない時ももちろんありますが、ほとんどの方はやはり印象に左右されるものです。

アメリカの心理学者アルバート・メラビアン氏は、人と人とのコミュニケーションにおいて、何が相手に影響を与えるのかを研究し、その割合を発見しました。

その「メラビアンの法則」の数値は次の通りです。

視覚情報（Visual）：55％……服装、表情、ボディランゲージなど
聴覚情報（Vocal）：38％……話し方、声のトーンなど
言語情報（Verbal）：7％……話の内容、使っている言葉など

マネジメントにおいても、**自分の印象をコントロールする**という考え方はとても重

要です。どうすれば部下が聞く耳を持つか、どうすれば部下により信頼されるかという視点で考えれば、人の五感に訴えられる見た目や話し方、使う言葉の工夫はとても大切です。

一流のビジネスパーソンは、自身の印象をうまくコントロールしています。たとえば、トヨタ自動車の豊田章男会長は黒縁メガネの印象が強くありますが、実は場面に応じて使うメガネの種類を変えています。華やかな場では黒縁のメガネを、フォーマルな場ではフチなしのメガネをかけるなど、相手に合わせて装いも印象も変えているのです。また黒縁メガネもいつも同じものではなく、ファッション性が強いものやクラシックなものなどを使い分けています。企業のトップとして頭の先からつま先まで服装や身につけているものだけではなく表情、手の魅せ方、足の開き方までパーツのすべてをコミュニケーションツールとしてフル活用し、相手にどのように届けるかを意識しているのです。

印象コントロールの最も重要な視点は「**相手がどのように感じるか**」というポイン

トです。自分が身につけたいものを身につけるのではなく、コミュニケーションの相手、コミュニケーションのゴールを考え、自分自身を俯瞰してイメージできるかどうかは第一印象のみならず、今後、自分以外の視点を備えていく上でとても大事です。

日ごろから意識したい印象づくり

リーダーの印象づくりのために必要なポイントは2つあります。

①自分がどう見られているのかを知る

まずは、自分を客観的に見つめ直すところからスタートです。日ごろから「○○さんって、はじめは怖そうだなと思っていました」など、**印象に関するフィードバックをもらったらそれを集めておきましょう。**特にそういうものがない場合は、自分の部下や周囲の人に自分の印象についてそれとなく「異動で私が来た時、どんな感じだと思った？」なんてたずねてみるのもよいでしょう。

②自分がどうありたいかを決める

リーダーとしてのあるべき姿に正解があるわけではありません。**自分が部下や周囲の人からどう見られたいのかを定義します。**人によっては「顔がきつくて威圧的に見られやすいから、もう少しやわらかい印象にしたい」と考える人もいれば、「気弱で、優しそうな印象のせいでなめられがちなので、もう少しキリッとさせたい」と考える人もいるでしょう。

自分がどう見せたいのかが決まれば、見た目、話し方、言葉などによって印象をコントロールすることができるようになります。

私は仕事でもプライベートでも、**「今日、自分はなぜこの服装をしているのか」**を意識して服装を選んでいます。そうすることで、目的が明確に定まります。

たとえば同年代以上の権威のある男性と仕事で会う際には、服装にコントラストをつけ、光沢のある生地のものを選び、キリッと凛とした女性を演出します。そうすると、「この人の話は聞く価値がある」と思ってもらいやすいからです。

一方で、20代の若い人を対象とした研修を行なう時には、コントラストを抑え、参加者と寄り添えるような同系色でコーディネートしています。カチッとさせすぎると「この先生は怖そうだな」と、威圧感が漂ってしまうからです。

ただしコーディネートの中にも私らしさをワンポイントで入れて、「工夫しているな」「独自性があるな」と思わせることは忘れません。研修内容としても意識しているテーマなので、仕事とリンクするように考えています。

自分の印象は自分でつくる

今は印象力アップのための書籍がたくさん売られています。私もかつて男性向けのイメージアップの書籍を出しましたが、今では当たり前のようにコミュニケーションツールのひとつとしてあるので、これまで印象コントロールを意識してこなかった方は、まずは1冊、手に取ってみてください。

自分のお金を出して、そこまで会社のためにしなくてはだめ？　と思う人もいるかもしれませんが、同じ3万円のスーツを購入するのであれば、自分の価値がより早く、より確実に相手に届くもののほうが、その後の話が進めやすくなると考えてみるのはどうでしょうか。

それともう1点。「メラビアンの法則」は、93%を占める見た目や話し方に気を使いましょうという意味合いでよく説明されますが、私は残りの7%の話の内容も大変重要で意味があるものだと思っています。

コミュニケーションを重ねれば重ねていくほど、見た目や声の印象以上に、この7%にあたる「どのような言葉を使うか」「どのような話をするのか」は、相手の持つ第二、第三の印象が上塗りされ、さらに自分の印象が形つくられていくということも覚えておくとよいでしょう。

著者からのアドバイス

リーダーとしてのあり方チェック

ひとつの質問が5点で、100点満点になるチェック表です。このチェックの目的は、今の自分の状態を自覚するためのものなので、点数の高い低いにはこだわらず、素直に回答してください。3ヶ月後にもう一度チェックしてみて、点数が上がっていたら、あなたのリーダーとしてのレベルも上がっている証拠です。定期的に確認してみましょう。

① 会社の目指すビジョンを自分の言葉でメンバーへ語っていますか?

② 今期の目標を自分の言葉でわかりやすくメンバーへ伝えていますか?

③ 信念を持って今の役割を行なっていますか?

④ 自分がプレイヤーとしても成果を出していますか?

⑤ マネージャーとして必要なことを知っていますか?

⑥ メンバーから信頼を得ていますか?

⑦ メンバーの得手・不得手を把握していますか?

⑧ チームを束ねていますか?

⑨ 部下の指導や育成に時間をかけていますか?

⑩ メンバーに差をつけず、誰に対してもフラットな状態で接していますか?

⑪ メンバーの育成計画を具体的に立てていますか?

⑫ 課題の共有はしていますか?

⑬ 自分で抱えすぎず、メンバーを見極め、仕事を振っていますか?

⑭ マネージャーとしての仕事の時間を割いていますか?

⑮ 自己成長を意識していますか?

⑯ 自分自身の感情コントロールはできていますか?

⑰ 日々、チームの問題を課題に変えて考えていますか?

⑱ チームの課題に対して具体的な計画を立てていますか?

⑲ チームの課題に対してPDCAを意識してまわしていますか?

⑳ 自分自身の課題に関してPDCAを意識してまわしていますか?

2章

自分自身の
行動スタイルを知る

人が見えているものは行動、見えないのは行動の動機

「この人が考えていることが、もっとわかればいいのに」――。

こんなふうに感じたことはありませんか？　Aさんは想いや熱意をもっと伝えたがっていて、Bさんはみんなで力を出し合って協力していきたくて、Cさんはすぐやれという指示が苦手で動けないなどなど。それぞれの欲求や気持ちが目に見えれば、部下育成はもっとやりやすくなるかもしれません。

しかし現実には、その人の行動の動機や考えていることを目に見える形で確かめることはできません。**目に見えているのはその人の「行動」だけ**です。行動はあくまで表面的なものです。リーダーとしては、チームメンバーの行動だけを見て判断するの

ではなく、**その背後にある動機（または欲求）や信念を理解することが重要**です。

部下の行動の背後にある動機を探り、理解し、尊重することで、より深いコミュニケーションを取ろうとすることは、リーダーシップにおいてとても重要です。そして、それを実現するためには、**まずはリーダー自身が、自分がどのような行動の動機を持ち、どのような行動傾向をとっているのかを知らなくてはいけません。**

自己認識を高めることで、自身のリーダーとしての行動がどのようにチームに影響を与えているのかを、より深く理解することができるようになります。

本章ではリーダー自身の行動傾向を知り、自分が知らず知らずのうちに求めていることや、それによってメンバーとのすれ違いが起こっている可能性などについて探っていきましょう。

「DiSC®」モデルを自己理解に役立てよう

自身のコミュニケーションスタイルの強みと課題を正しく理解し、人間関係をより円滑にするための学習メソッドとして、「Everything DiSC®」をご紹介します。「Everything DiSC®」は「DiSC®」モデルに基づいて個人の好みや傾向を測定し、組織における人の成長を支援するためのパーソナリティアセスメントです。

「DiSC®」は、D、i、S、Cの4つの基本的な行動スタイルで説明されており、各スタイルの違いや共通点を理解するのに有効です。全世界で毎年100万人以上のビジネスパーソンが「Everything DiSC®」アセスメントを通して、自己や他者を理解するための体験をしています。現代は多様性の時代となり、自己理解を深めることで他者の行動の動機や欲求、価値の違いに気づき、他者との関係性を深めていけるものとして広がりを見せています。

まずはリーダー自身が自分のスタイルを認識し、状況やチームメンバーに応じて柔軟に対応することで、効果的なリーダーシップを発揮できるようにしていきましょう。

4つの基本スタイル

では、「D・i・S・C®」モデルについてご紹介します。

D：Dominance（主導）

目標志向で結果を重視し、チャレンジを好む。迅速な意思決定を行ない、問題解決に積極的。

〈行動パターン〉

直接的で自信に満ちた態度を示し、競争心が強い。リスクを取る傾向があり、困難な状況でも前向きに取り組む。

i：Influence（感化）

社交的で熱意があり、他人と良好な関係を築くことに重きを置く。周囲を巻き込む力が強く、楽観的で創造的。

〈行動パターン〉

話好きで、感情表現が豊か。人を励まし、動機づけることに喜びや満足感を持つ。社交の場で活躍し、人間関係を大切にする。

S：Steadiness（安定）

協力的で忍耐強く、安定性を求める。信頼性が高く、支援的な態度を持つ。変化を避け、調和を大切にする。

〈行動パターン〉

落ち着いており、一貫性のある行動を取る。チームワークを重視し、他人のニーズに敏感。問題解決には時間をかけ、慎重に対応する。

「DiSC®」モデル

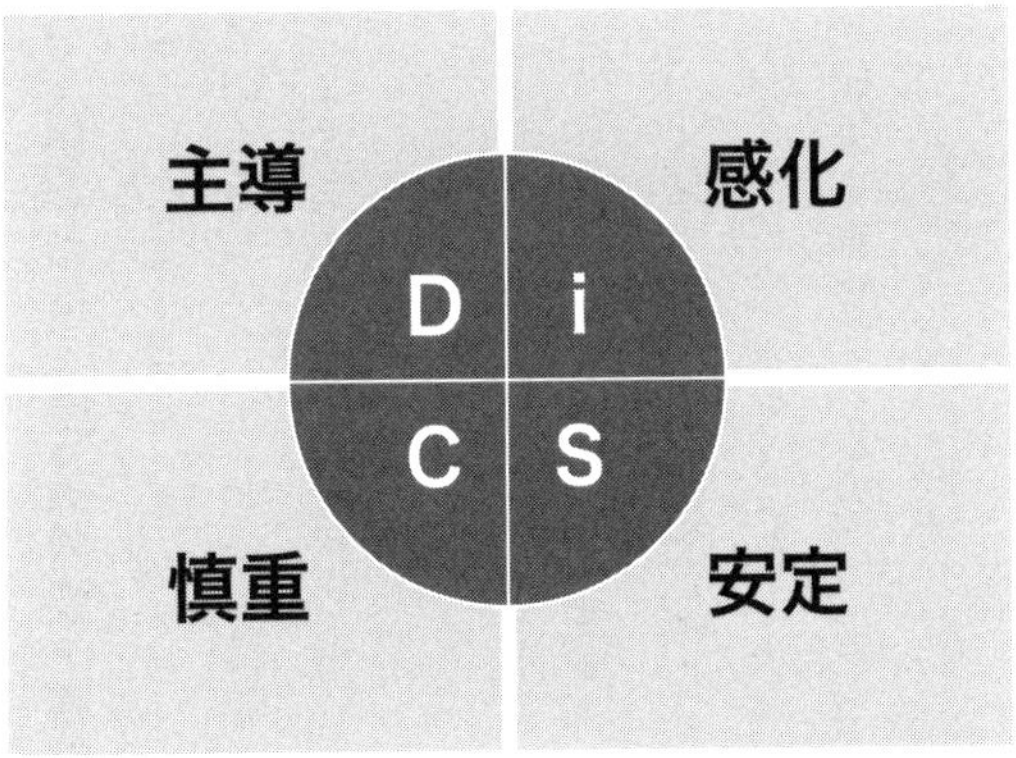

※「DiSC®」、「Everything DiSC®」はJohn Wiley & Sons社が著作権を所有しています。

C：Conscientiousness（慎重）

正確さや品質を重視し、体系化された環境を好む。詳細に注意を払い、分析的な思考を持つ。

〈行動パターン〉

データや事実に基づいた決定を好み、自分のペースで計画的に行動する。高い基準を持ち、論理性と正確性を追求する。

このD、i、S、Cの**4つのスタイルに優劣はなく、自分がどのスタイルだったとしてもそこによし悪しはありません。**

また、**誰もが4つのスタイルの融**

合であり、必ずしもひとつのスタイルだけにあてはまるわけではなく、人によっては「D寄りのiの人」もいれば、「SとCの両方の特性を持ち合わせている人」もいます。

ここで大切なのは、**自分の特性を客観的に見つめること**です。

詳しくは「Everything DiSC®」アセスメントを回答し、結果をもとにD・i・S・C®認定資格者のもとでフィードバック体験を受けていただければあなたの詳細のスタイルがわかります（お申し込みは株式会社ワイズエフェクトまで）。

ちなみに**私自身は、極めてDに近いiスタイル**です。人と関わることが大好きで、パフォーマンスや熱意を活かして講師の仕事をしています。さらに問題解決型の思考も強く、こうと思ったら一直線に成果を求めて進んでしまう面も持ち合わせています。

実は「D・i・S・C®」アセスメントを体験する前は、みんなが自分と同じようにスピード重視で成果を求めているのだと思っていました。しかし、まわりの仕事仲間に聞いてみたら、「余語さんの行動は、車の運転で言えば、時速100キロベースが当たり前になってますよ」と言われ、**「え？　自覚はないけど」**と思ったこともありました。

そのような、自分では自覚していない性格を把握することができます。

「自分と似ている人を評価してしまいがち」だと自覚する

「DiSC®」スタイルが異なる人同士では、行動の特性も違いますし、仕事に対して求めていることもまったくと言っていいほど違っています。特にマネジメントの場面においては、きっとほとんどの人が**「自分と似ているスタイルの人のほうがわかりやすく扱いやすい」**と感じるはずです。同じスタイルの人であれば仕事において優先していることが想定しやすいからです。

反対に自分とは違うものを優先している人を見ると、もどかしく感じたり、攻撃的に感じたり、自己中心的な振る舞いだと見えたりすることもあるでしょう。こうした行動特性の違いを理解していないと、自分と似ている部下が「よい部下／仕事ができる部下」であり、自分とは違うスタイルの部下は「仕事ができない部下／関わりにくい部下」などと、表面的に評価をしてしまうことが少なくないでしょう。

それぞれの行動特性を理解するためにも、まずは自分自身が仕事において何を重視し、どんなことを求めているのかを把握することが大切です。ただし、自分の「D・i・S・C®」スタイルは実際にアセスメントに回答しないとわかりません。ここでは、各スタイルの特性について簡単に紹介しますので、違いや共通点を理解するための参考にしてください。

【Dスタイルの傾向がある人が優先すること】

- 成果を出すこと
- 行動を起こすこと
- 難しい課題に挑戦すること
- 自分で物事を決める権限やわかりやすい成果
- 物事がサクサク進むこと

・目の前の課題がスピード感を持って解決することなど
↓権力や権限、勝利、成功などが動機づけになる

【iスタイルの傾向がある人が優先すること】
・熱意を示すこと
・行動を起こすこと
・多くの人と関わり交わり働くこと
・発想が広がりアイデアを生み出すこと
・スピード感を重視しながら、まわりを巻き込んでいくこと
・自分を表現していくこと
↓社会的認知を得ることや友好的な人間関係などが動機づけになる

【Sスタイルの傾向がある人が優先すること】
・人を支援すること
・安定感や一貫性を保つこと

・チームが円満に保たれること
・みんなと一体になること
・働く上で働きやすい人間関係にあること
・急激な変化や即決を避け、着実に物事を進めること
↓安定した環境や、誠意ある感謝、協力などが動機づけになる

【Cスタイルの傾向がある人が優先すること】
・正確さを追求すること
・論理的に説明すること
・前提に疑問を持つこと
・着実に完璧に行なうこと
・理由やあらゆるケースを考えること
・細部に注意を払い、慎重に物事を進めること
↓専門技能を用いる機会や知識を得る機会、クオリティへの配慮などが動機づけになる

「よかれと思って」がすれ違うことがある

「D・i・S・C®」のスタイルによって、仕事において優先していることがこれだけ違うということを知ったあなたは、もう気づいているかもしれません。あなた自身が「よかれと思って」していることも、メンバーの特性によっては、強みとして受け取られる場合もあれば、弱みとして解釈される場合もあります。

そこで次に、それぞれのスタイルの特性が、強みとして現われた場合と弱みとして現われた場合に、他のスタイルのメンバーからどのように見られる可能性があるのかを考えてみましょう。

【Dスタイルの場合】

〈行動の特性〉

成果を重視し、意志が強い傾向があります。最短で結果を出すことを好むため、スピード感も早く、多少のリスクもいといません。また、自分が納得できないことには異義を唱えることもためらいません。

強みとして受け取られた場合……目標志向や挑戦的な姿勢が共感される

弱みとして受け取られた場合……威圧的でぶっきらぼうな印象が強い。無神経だと感じられることがある

【iスタイルの場合】

〈行動の特性〉

社交的で、表情やボディランゲージも豊かな傾向があります。アイデアが豊富で、思いついたら実行せずにはいられないところがあります。また、人と人をつなげたり、協力したりすることが好きで、ムードメーカーになることに長けています。

強みとして受け取られた場合……エネルギッシュな働き方にワクワクし、一緒に働

いて楽しく感じられる
弱みとして受け取られた場合……活発さや早いペースについていけない。楽観的でずさんだと感じることがある

【Sスタイルの場合】

〈行動の特性〉

聞き上手で、困っている人がいれば喜んで支援しようとします。温かみがあり、穏やかな印象です。予測不可能なことが苦手で、安定した環境を保とうとします。また、チームの一体感を醸成するために努力しようとします。

強みとして受け取られた場合……忍耐強くおおらかで、人を信じようとする姿勢が評価される
弱みとして受け取られた場合……他人に迎合しているようで、決断力がないように見えることがある

【Cスタイルの場合】

〈行動の特性〉

自分自身に高い基準を課して、それを終えるまで根気強く作業をします。クオリティや正確さを求める完璧主義な傾向が強く、ひとりでコツコツと仕事をすることを好みます。挑戦を好む一方で、あらゆる選択肢を分析しようとします。

強みとして受け取られた場合……物事の正確性を優先する姿勢が評価される

弱みとして受け取られた場合……用心深すぎるペースにいら立ったり、士気が下がったりすることがある

ここで肝心なのは、**それぞれの行動スタイルが「間違っているわけではない」**ということです。たとえば人によっては強引すぎると感じられるDスタイルの行動力は、成果を重視した行動と捉えることもできますし、ペースが遅いと感じられがちなCスタイルの正確性を重視する姿勢も、リスクマネジメントの観点では欠かせないものです。

自分がよかれと思って、あるいは当たり前にしている行動が、見方が変わると違う印象を抱かれる可能性があるということを認識しておきましょう。

自分の強みを活かして〝いい塩梅〟を知る

自分の強みを知った上で、それを活かすことの重要性はみなさんもすでにご存じの通りです。

私は**「強み」とは「どこでエネルギーが高まるか」**ということだと考えています。自分の強みを知るということは、自分の中で自然とエネルギーが高まるポイントを自覚しておくということです。

自分の行動スタイルが優先するポイントというのは、自然と情熱が湧き上がるようなものになるので、**仮にそれを止められたらストレスを感じるでしょうし、逆に自然と湧き上がる情熱を活用できれば、生産性も高まります。**

自分の強みを〝いい塩梅〟で出していこう

一方、そこで見つけた強みに固執して、そればかりになってしまうのもそれはそれで問題です。私はこれを**「強みの過剰使用」**と呼んでいます。

たとえばDスタイルの特性は、成果に向かってスピード感を持って行動することが強みである一方で、周囲の人が置き去りになってしまうこともあります。

ｉスタイルの特性は、情熱的で熱量高く人を巻き込もうとしますが、いきすぎると話が飛躍してしまったり、人の話を聞くことを忘れてしまったりすることもあります。

逆にSスタイルの特性は、人の意見に熱心に耳を傾ける一方で、人の話ばかりを聞きすぎてしまい、自分の判断が下せなくなってしまうこともあります。

あるいはCスタイルの特性は、正確性を追求しミスのない仕事を心がけますが、完壁を求めるあまり納期意識が欠けてしまい、いつまでも完成しないこともあります。

「DiSC®」アセスメントを体験することによって、**これまで無意識で行なっていたことを、意識的に捉えることができるようになります**。こうしたスタイル別の強みをこれまでに無意識で発揮していた人も多いでしょう。

ただし、強みだからといって、なんでも出せばよいわけではなく、やりすぎると周囲の人とのトラブルのもとになってしまうこともあるので、ちょうどいい塩梅を探っていくことが重要です。

3章

メンバーの
行動スタイルを知る

メンバーの傾向を知るメリット

上司も人間です。「いろいろな価値観を持った人がいる」「同じ人間はひとりとして存在しない」ということを頭ではわかっていても、**どうしても苦手な人や扱い方がわからない人がいることもあるでしょう。**しかし、立場上、苦手を苦手のままにしておくわけにはいかないこともあります。

そのような状況でも「DiSC®」モデルの考え方はとても役に立ちます。前章では各「DiSC®」スタイルの特性について解説し、自身の行動スタイルを理解することの重要性を説明しました。本章では、「DiSC®」を部下やチームメンバーの行動スタイルを理解するために活用し、個々のスタイルに応じて効果的なリーダーシップを発揮する方法を紹介します。

繰り返しますが、メンバーの本当の「D・i・S・C®」スタイルはアセスメントを回答しなければわかりません。ただ、**メンバー一人ひとりに興味を持ち、行動をよく観察することで、おおよその特性や傾向を見分けることができるようになります。**「D・i・S・C®」スタイルを見分ける目的は、「決めつけ」とは異なります。各メンバーの独自性を尊重しつつ、効果的なコミュニケーションや協働の方法を見出すためのアプローチです。

人は未知のものに向かっていくことに対して、本能的に恐怖を感じます。たとえば旅行に行くにしても、地図もない未踏の地に意気揚々と出かけて行ける人は多くはないでしょう。どのように行けばいいのか、行った先に何があるのかがイメージできないと、不安で最初の一歩を踏み出せません。

しかし、今はスマホに地図アプリがあり、これまで一度も訪れたことがない土地であっても「あの電車に乗って、どこどこの駅の何番ホームで乗り換えれば、だいたい◯時間くらいで行けるな……」「目印になる建物があるな」などと、詳細に予想を立てることができるため、安心して出かけることができます。

地図で提示されるルートはひとつではないことのほうが多いですし、その通りに行っても行かなくても問題ありません。ただ、**事前にある程度予想を立てられるというだけで、新しい土地に行くことに対する不安は激減しているはず**です。

話をマネジメントに戻しますが、部下のこともまったくわからない状態だと、どのように関わっていけばいいのか仮説も立てられず、不安や恐怖心ばかりが募ります。ところが「D・i・S・C®」スタイルの傾向がなんとなく見えていると、「こういうふうに声をかけてみようかな?」「もしかしたらこういうことで悩んでいるかもしれない」と自分なりに予想をして、手立てを考えることができるようになります。

部下を少しずつ知っていくメリット

大切なのは、**部下の「D・i・S・C®」スタイルを当てることではなく、「こうかな?」「こっちかな?」と、トライアンドエラーを繰り返し、部下のことをより深く理解しようと模索するプロセス**です。

必ずしも1回目からうまくいくわけではありません。工夫してみたけれどうまくいかないこともあれば、少しアレンジして声かけをしたらうまくいったということもあります。そのデータをどんどん蓄積していくことで、精度を上げていきます。

ある程度、行動特性が見えてくると、はじめは弱点だと思っていた言動に対しても**「この人がこういう行動を取ってしまう裏にはこういう考えがあり、それはそれでこの人のよさなんだな」**と気づくこともできるようになります。理解ができると、それに対する手立ても浮かぶようになるでしょう。

部下のスタイルに応じてマネジメントができている上司は2～3割

私はこれまで、さまざまな業種・業界でマネジメント研修を担当してきました。その中で多くの上司・リーダーと出会ってきましたが、部下の個性やコミュニケーションスタイルの違いを認めて、それぞれに合わせてマネジメントをしたり声かけができている方は、肌感覚で2～3割です。

実際、なかなか容易ではありません。**上司と言っても、日本の管理職の9割はプレイングマネージャーです。**マネジメントだけをしていればいいわけじゃありません。自分は自分で現場の仕事があり、社長や上司からもあれこれ言われて、いっぱいいっぱいの状況の中で、毎回部下に合わせて仕事の振り方や声のかけ方を切り替えている余裕がない、自分がやったほうが早いという人も大勢いるでしょう。

そうすると結果的に、自分と似たスタイルの人や、端的な指示でもすぐに理解して、素直に行動に移してくれる人を重宝したくなってしまう気持ちは私もよくわかります。

そこでまずは、ひと呼吸おいて、目の前の部下が**「自分とは違う思考回路なんだ」**ということを認めることからはじめてみましょう。

まずは冷静にならないと、自分の感情が先に出てきて「なんでそうなるんだ」「何を考えているのかわからない」という気持ちが強くなってしまいます。

ひとまずそうした感情は置いておいて、自分の仕事をクリアするためだと割り切って、**「この人に効果的に動いてもらうためにはどうすればいいだろう？」**と思うくらいで大丈夫です。1回でうまくいくとは限らないので、あの手この手でその部下の攻略法を探っていくのです。

そして、「この人はこういう傾向なんだな」「こう考えるだな」と気づいたことがあれば、**メモをとっておく**ことをおすすめします。

まずは興味を持って観察しよう

何度もお伝えしますが、まずは「相手のことを、興味を持って観察する」ことが大切です。当然ですが、相手のことを知ろうと思わなければ、知ることはできません。

ファーストステップは観察です。**面談、または2人だけで話すタイミングで、相手のことをよく観察してみましょう。**面談というと、半期に一度の1on1面談のような人事評価のための場をイメージされる方が多いですが、本来は、どんなタイミングでもやっていいのです。案件の区切りがついた時、お互いに少し時間ができた時など、どこでもいつでもできるはずです。面談というと「課題を把握させる場」だけになっているケースも非常に多いですが、面談は顔を合わせて話す場、観察と情報収集のための場です。

さて、観察をする時のポイントは大きく2つです。

①行動：ボディランゲージや声のトーン、話し方、視線や表情

②話の内容：使っている言葉やこだわっているポイント、話の焦点

この2つのポイントを「D·i·S·C®」モデルに基づいて考えます。まず、縦軸は「活動的」から「思慮深い」までの連続した軸で、個人の活動レベルを示しています。上側のDやiスタイルの特性は、素早く行動し、自己主張が強く、エネルギッシュで大胆です。これに対して、下側のSやCスタイルの特性は、より穏やかなペースで行動し、冷静で几帳面、そして注意深いです。

次に、横軸は「懐疑的」から「受容的」までの連続した軸です。左側のDやCスタイルの特性は、懐疑的で、論理的かつ客観的であることが多く、物事に対して疑問を持ちます。一方、右側のiやSスタイルの特性は、より受容的で、人間関係を重視し、共感的で協調性があることが多いです。

行動と話の内容から「DiSC®」スタイルを見分ける

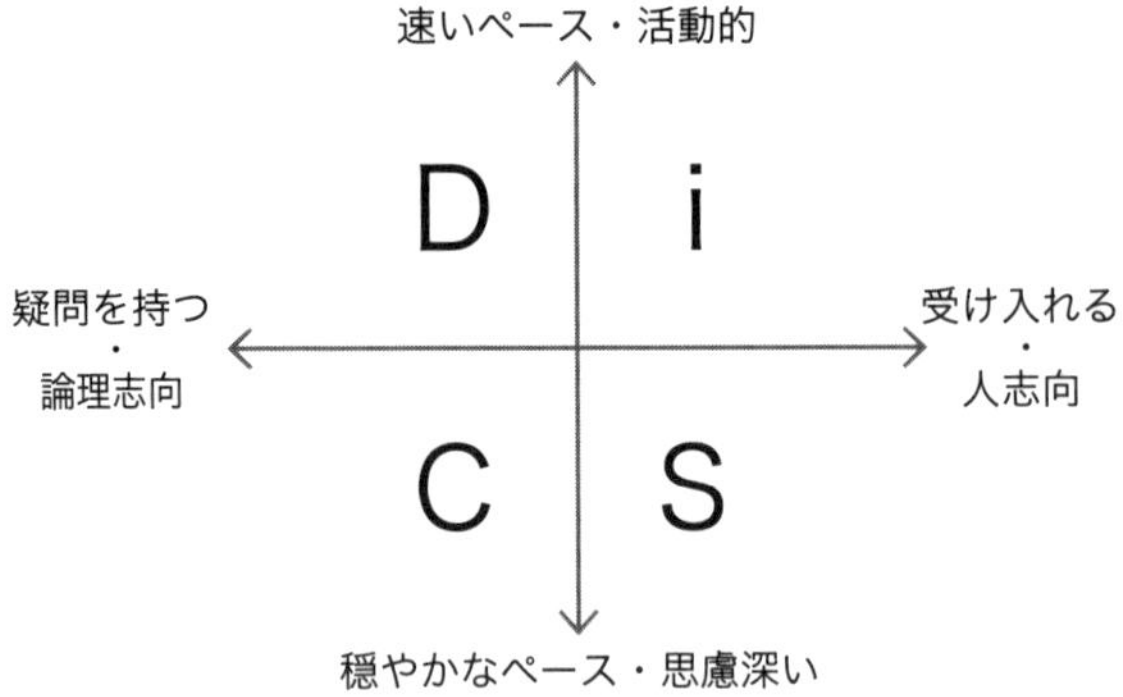

※「DiSC®」、「Everything DiSC®」はJohn Wiley & Sons社が著作権を所有しています。

発言の内容から「D・i・S・C®」を見分ける

同じ事象について報告をする場合でも、「D・i・S・C®」のスタイルによって報告のあり方も違うので、よく観察していると相手のスタイルが見えてきます。

たとえば、部下のAさんが大きな声で「いや〜、○×商事の佐藤さん、レスポンスが悪くて困っちゃうんですよ。ほんと、あの人どうにかなりませんかね」と報告してきたとしましょう。感じたこと、起きたことをすぐ口に出すので縦軸は上寄り。「佐藤さん」という人に焦点があたっているため横軸は右寄りです。とてもiスタイルらしい話し方です。

これがもしSスタイルの特性がある人だと、同じ状況でも「あの～、困っていることがあるんですが……」と、小さな声で相談をしてくるかもしれません。あるいはDスタイルの特性がある人だと同じように声が大きくても「プロジェクトがスムーズに進まない」など、事柄に焦点をあてて報告してくるかもしれません。

このように、部下の報告の仕方ひとつとっても、気をつけて観察すればその特徴や個性に気づくことができるのです。ところがフラットな目線で観察ができていないと、自分とスタイルの違う部下に対して、感情が前に出てしまい「声が大きくてうるさいな」とか「何が言いたいのかよくわからない」という印象論で終わってしまいがちです。

観察の中で見つけられるD、i、S、C、それぞれのスタイルの特性を押さえておきましょう。

繰り返しますが、観察の目的は、決めつけをしてレッテルを貼ることではありませんので、「当てにいこう」とする必要はありません。あくまでもガイドラインとして捉えてください。大切なのは、相手の言動をしっかり観察し、その背後にある真意を汲み取り、相手がどのような動機や欲求を持っているのかを理解することです。その理解が、より適切なコミュニケーションや信頼関係の構築につながります。

メンバーが求める価値観を探る

自分と部下との価値観の違いやスタイルの違い、メンバーそれぞれの特性に気づけたら、次はそれぞれとの関わり方を考えていきます。103ページに「関係性向上戦略プラン・ワークシート」を載せていますので、ぜひメモに書き込みながら考えてみてください。

【関係性向上戦略プランの項目】

- メンバーの名前
- その人の「DiSC®」傾向（仮説）
- その人の行動に対して理解できること
- その人の行動に対して理解できないこと
- 効果的なコミュニケーション

重要なのはその人を観察して、仮説を立て、効果的だと思うコミュニケーションを試してみて、相手の反応を見ながらトライアンドエラーを繰り返すプロセスです。

特に自分と真逆の位置にある人とのコミュニケーションは、最初は難しく感じたり、うまくいかなかったりすることもあると思いますが、少しずつ調整をして、何度でも繰り返してみてください。

先日、若手リーダー研修の中でこんな相談がありました。

- 元上司（男性）が今、部下としてチームにいる
- その上司がなかなか自分のやり方と変えようとしない、作業が遅い
- そのせいでプロジェクトの進捗が遅れる
- 「○○さんが作業を早くしてくれないとみんなが困ります」と言っても、「早くやっている」と言って、取り合ってもらえない

すると、この話を聞いていた別の若手リーダーから「私なら『早くしてほしい』ではなくて、『なぜそこまで時間をかけてやるのか』を聞いたり、早くしてほしい根拠を話すけどな」と言ったのです。

悩みを相談してくれた若手リーダーは「・i寄りのSスタイル」で、常にみんなのためを考える人です。元上司の男性に対して「遅い」「みんなが困る」というメッセージを発信していたのですが、それではまったく相手の心に刺さっていませんでした。私もその部下の男性にお会いしたことがないので想像でしかありませんが、話を聞く限り、自分の仕事のスタイルにとてもこだわりが強そうな方だと感じました。なので、他の方がアドバイスしたように「どこにこだわっているのか」ということを聞いてみることが重要ではないかと考えました。

この若手リーダーに、「なぜ早くできないのか観察してみた？」と聞いてみました。元上司の男性は「自分はちゃんとやってます」の一点張りなので、状況を確認して、作業が単純に遅いのか、他の理由があるのかを把握できれば、その後の対応が変わります。しかし、若手リーダーは状況の観察はしておらず、「みんなのためにちゃんとやってくれないと困ります」とだけ伝えていたことがわかりました。

そこで私は「その元上司のような人は、より丁寧で着実にミスがなく完璧にしたいという欲求が高いことも多いから、しっかり観察したほうがいい」「元上司だから相手の仕事に対してリスペクトする姿勢を示した上で、スピードが必要な根拠を伝えて、価値観をすり合わせてみるといい」とアドバイスしました。

後日、その若手リーダーから「早くやってくれなかった理由は、自分のところでミスがないよう細かなところまで調べていることだとわかりました。なので、それは後でいいので、全体を考えてスピード感がほしいことを伝えて話し合いをしたら、理解してくれました」と連絡がありました。

「i寄りのSスタイル」の若手リーダーにとって、**自分と違うスタイルの要素を取り入れたコミュニケーションは簡単ではなかったはずです。**そもそもそういう発想がな

関係性向上戦略プラン・ワークシート

名前	DiSC®（仮説）	行動に対して理解できること	行動に対して理解できないこと	効果的なコミュニケーション
田中A子さん	C	仕事を慎重に進めてくれる	次の行程を考えず、時間をかけすぎてしまう	進捗を聞いて、時間をかけなくてもよい部分を伝えていく
鈴木B介さん	D	自分の仕事の重要性もわかっていて早い	報連相がなくて、仕事の進み具合がわからない	ある程度権限を与えながら、メールで進捗を確認すると、早めに連絡がくるようになる

いし、いざやろうとするといつもの自分とは違うアプローチに躊躇することもあったでしょうが、とても前向きに取り組んでくださいました。

慣れないうちはむずがゆい思いをするかもしれませんが、やっていくうちに少しずつ感覚がわかってきます。すべては積み重ねです。ぜひ今日から部下の「ＤｉＳＣ®」傾向を思い浮かべながらコミュニケーションを取るように意識してみてください。

著者からのアドバイス

部下の行動の特性に合わせたコミュニケーションのコツ

●車の販売店での月末面談での会話例

Dスタイルの傾向がある部下について

部下「目標に対して現状75%達成しており、あとの25%についても残り1週間で達成できます」

上司「きみはいつも目標を明確にして数字達成への意欲が高いね。でも課題となっていることは気づいているのかな」

部下「私はご紹介も多いのですが……、新しいお客様は、最初からテキパキ話したり声が大きかったりすることを威圧的に思われることがあるみたいなんです」

上司「きみの話し方や態度が威圧的に勘違いされてしまうことがあるんだね。時と場合によるのかもしれないね。スピード感も早いから、あと1週間で目標を達成できる手立てを、もしよければアドバイスしようか」

部下「大丈夫です。自分なりに考えられることは行なっています」

上司「時には頼ってもいいし、皆でサポートもできることもあるからね」

部下「いや、自分は厳しい情況のほうが俄然頑張るので大丈夫です。ただ時々、社内で確認したいことのレスポンスが遅いことにイライラしてしまいます。本当に困ってます」

上司「スピード感を持って推進することは大事だけど、少し相手のタイミングも考えてみてね」

部下「はい。わかりました」

【著者からコミュニケーションのコツ】

目標達成の意識が高く成果が気になるので、そのことを意識して話を合わせるとよいでしょう。また課題解決への内容をより詳しく聞いてあげるとよいです。そして、いつも果敢にチャレンジする姿勢や行動が早いことにも触れ、独りよがりの行動にならないようにだけ意識するように声がけするとよいでしょう。

iスタイルの傾向がある部下について

部下「今月も一生懸命取り組んでいます。今はまだ達成できていませんが、絶対やってみせます。成約したお客様にもとても喜んでもらっています」

上司「頑張っているようだね。でも具体的にどのようなことをするのかは決まっているのかな」

部下「特に決まっていないですが……、情熱はあるので絶対にやり遂げます。そうだ、今思い出したのですが、以前お客様からご紹介を受けていた方を忘れていました。ちょうど新しいノベルティがあるので、明日持っていきます」

上司「ご紹介いただいて少し経つのではないかな。大丈夫かな」

部下「大丈夫です。お客様の情報はお聞きしていますし、弊社の近所なので、今までもそこを通った時に会話しているので。いろいろと聞いてきます」

上司「部署としてもぎりぎりのところだから、きみに頑張ってもらわないときついかもしれないな」

部下「そうなんですね。お任せください。みんなにもあと少しの期間もっと頑張ろうよと、励ましておきます」

上司「○○さんは、そうやって部署内も盛り上げてくれるから助かるよ。頼りにしているね」

部下「お任せください！　頑張ります」

【著者からコミュニケーションのコツ】

自己開示をして、いろいろと話をしてくれるので、社交的で話しやすく、面談などでは話が進めやすいでしょう。自分に対しての評価が気になるので会話の中で名前を呼んだり、個人的な要素を認めることで、より気持ちが上がるでしょう。熱意を持ってまわりを巻き込む力があることが助かっていることや、ムードメーカーとしてパフォーマンスが高いことも伝えとよいでしょう。

Sスタイルの傾向がある部下について

部下「チーム一丸となって取り組み、みんなで力を合わせているので月末はよい報告ができると思います」

上司「そうか、みんなで力を合せているんだね」

部下「はい。ふたりで連携してお客様に接したほうがよい場合は、『あ・うん』の呼吸で後輩のお客様にも入り、サポートしています」

上司「みんなのことを常に考えてくれてありがとう。でも先週、すこし暗い顔をしている時があったけど、どうかしたのかな」

部下「実は……。後輩同士が、自分のやり方が正しいと、口調も荒くなって言い合いみたいになっていたのを見てしまって……。同期同士でそこまで競争意識をぶつけなくてもいいのにと、気分が下がっていたんです」

上司「そうだったんだね。でもあの後、ふたりは一緒に食事に行っていたみたいだよ」

部下「そうなんですね。それならよかったです。みんな一緒に働くのだから、お互いを尊重し歩み寄ればいいなと思ってたんです」

上司「そうだね。ところで、いつもの会議では、きみがここまで自分の意見を言っているのを聞いたことはないような」

部下「はい……。会議だとしゃべりたい人がいますし、いろいろな意見を聞いていると、すべてにわかる点があるので、自分の意見を振り返っているうちに会議終了時間になってしまっていて」

上司「今度から、私から話すタイミングを振るから意見を聞かせてね」

【著者からコミュニケーションのコツ】
みんなのため、まわりの人のためにサポートしている様子に着目して伝えます。自分よりもチームやまわりの人がよい状態になっていくようにその部下が動いていることに気づいていること、助かっていることなどを伝えていきましょう。また、殺伐としたコミュニケーションが苦手なので面談の際に一方的に言い切らないように、温和な雰囲気で話を進めるといいですね。一方、どうしても自分の意見を言わなかったり、配慮しすぎて決断が遅いことには、意識しておくように伝えるといいでしょう。

Cスタイルの傾向がある部下について

部下「現状、何が課題かしっかり調べて取り組んでいるところです。課題として考えられることは2つあります。ひとつは、今月は雨が多くて来店者数が昨対の8割3分ということです」

上司「そうか。今月は例年より雨が多くてイベントに来るお客様が少なかったんだね。もうひとつはなにかな」

部下「お客様のアンケートを再度見てみたのですが、それをデータに残したり、集計をしたりしていないんです。なので集計してみたら、お客様への初回サービス力が低いという内容が多かったのです」

上司「その点に気づき、データをまとめてくれて本当にありがとう」

部下「ただ売ることだけに着手するのではなく、データ分析をして動けば、1回あたりのお客様対応力を上げられると思います」

上司「きみはそういえば、好きなサッカーの試合も専門家のような視点で見ているんだよね」

部下「今、データを使って、来店いただいたお客様にお手紙を送っているところです。その方に合わせたコメントも入れています。どうせ送るのであれば完璧を目指したいんです」
上司「そうか。日々の蓄積の上にいつか実を結ぶ時が来るからね。ただ、兼務している仕事もあったと思うから、どちらを優先したらよいか、スピードも意識して進めてもらえると助かるよ」
部下「承知しました」

【著者からコミュニケーションのコツ】
何事においても根拠が気になるので、そこをとことん調べて分析することに長けていて、完璧な仕事に仕上げてくる姿勢については認めていきましょう。そして自分のやり方やペースを大事にすることも含めて、その環境を整えていけるようにしていくことが部下にとってはとてもありがたいと思います。ただ、時によってはスピード感や臨機応変さも視野に入れて動いてほしいところも伝えるとよいでしょう。

※「Everything DiSC®」のパーソナリティアセスメントは、目的別にパーソナライズされたフィードバックが提示されます。詳細が知りたい場合は、「DiSC®」認定資格者のもとでアセスメントを体験してください。

4章

部下が
自ら話したくなる！
リーダーの前向きな
「聴き方」

「聴く」は最強のアプローチ

近年、マネジメントにおいて「傾聴」の重要性がますます認識されるようになっています。傾聴はもともと海外の臨床心理の現場で培われてきたものでした。日本では1960年代からビジネスシーンで使われはじめましたが、当初は会議の進め方としての側面が大きいものでした。

あなたにも人に話を聞いてもらえなくて悲しい、あるいは悔しい思いをした経験はありませんか？　人は元来、自分の話を聞いてほしい、理解してほしい、わかってほしいと思うもの。こちらが**しっかりと耳を傾けているという姿勢を見せることで、相手はあなたを信頼し、人間関係がより深まります。**

しかし、傾聴のメリットはそれだけではありません。まず、よいものも悪いものも含めて、情報がたくさん集まることです。相手から引き出した情報をもとに相手に対する理解を深めることができるだけでなく、自分自身の知識が増えたり、洞察力が深まったりしていきます。さらに、職場や組織の風通しがよくなり、コミュニケーションが活性化することで、さらにチームとしての力が強くなり、ひとりでは成し遂げられなかったこともできるようになるのです。

部下の考えを引き出すことができるか、部下の隠れた才能を見出すことができるか、それもすべてあなたの「聴き方」にかかっているといっても過言ではありません。本章では「傾聴」を、そして次章では「質問」をテーマに扱います。どちらも情報収集が目的ですが、本書の中ではそれぞれを次のように定義して話を進めていきます。

傾聴力＝相手が話をしやすい環境をつくる
質問力＝相手が話をしやすい聞き方をする

相手を観察をした上で、傾聴と質問をうまく活用すると、あなたのマネジメント力は劇的に向上するでしょう。

傾聴で意識すべき3つのポイント

さて、傾聴とはただ熱心に相手の話を聞くことではありません。相手の言葉をそのまま受け取るだけでなく、より深いレベルで相手の状態を理解し、その人の感情や求めていることなど、言葉にならない部分も汲み取ります。「アクティブリスニング」（積極的傾聴）の概念を提唱したアメリカの臨床心理学者カール・ロジャーズは、傾聴時に聴き手が意識すべき3つのポイントをあげました。

ひとつ目は**共感的理解。**相手の立場に立って、その人の気持ちや考え方を共感しながら理解しようとすることです。**「相手の気持ちに寄り添う」**姿勢で、相手と同じように感じます。

2つ目は**無条件の肯定的関心。**自分自身の好き嫌いや善悪などの判断を入れずに聴くことです。**フラットな目線で「なぜ、そのように考えるのか？」**など、その背景に関心を持って聴きます。

３つ目は**自己一致**です。自己一致とはわかりやすく言えば、自身の内面と外面に一貫性があることです。たとえばわからないところは「わからない」と伝えるなど、**自分をごまかさない態度**で相手に接します。

さて、普段このような意識を持って部下の話を聞けている人がどれだけいるでしょうか？　あなたの日ごろの傾聴力をチェックする設問を用意したので、次ページの5つの項目について答えてみてください。

このテストの目的は、傾聴力を診断することではなく、あなたご自身の日ごろの傾聴姿勢に気づいてもらうことです。自分について振り返る機会を持つことで「自分はもしかすると傾聴ができていなかったかもしれない」と気づいた人もいらっしゃるのではないでしょうか。

傾聴チェック

Q1 相手の話の最中に、どうかっこよく回答するか、演じられるかに気を取られて、聴くことが疎かになってしまうことがある。

A いつも　時々　まったくない

Q2 話を聴いているつもりだけど、相手の話の枝葉末節や態度が気になり、相槌を打つタイミングがずれたり、返答するタイミングがずれたりすることがある。

A いつも　時々　まったくない

Q3 相手に対して自分がどう映っているのか、相手に自分が気に入られているのかが気になって、相手の話を聴くことが疎かになることがある。

A いつも　時々　まったくない

Q4 相手の話を聴き終える前に、つい口を挟んでしまうことや、回答してしまうことがある。

A いつも　時々　まったくない

Q5 相手の話が自分の持論と違う時、相手の話の最中に反論を考えたり、相手の話のアラ探しをしたりすることがある。

A いつも　時々　まったくない

多くの人は取引先やお客様と話をする際や、上司、社長など目上の立場の人と話をする時にはしっかりと耳を傾けて、「この人は何を求めているんだろう?」ということを全身で察知しようとしているはずです。ところが、部下や家族に対して同じ姿勢ができているかと言えば、そうではない人が多いのではないでしょうか。**部下やメンバーの前では心が無防備になってしまい、傾聴のスイッチがすっかり切れてしまっているから**です。そのことを念頭に置いて、続きを読み進めてください。

聴きながら観察する

「傾聴」と言うと、真っ先に「耳で聞く」イメージを持たれます。もちろん、耳で聞くこともそのひとつではありますが、「聴く」という漢字をよく見てください。漢字の成り立ちからもわかるように、**実際の傾聴では、耳だけでなく目と心も使って全身で「聴き」ます。**

たとえば、相手の表情や視線、所作から心情を読み取ったり、こちらのリアクションによる変化を察知したり、言葉の裏側にある意図を感じ取ったり……。相手を観察しながら、全身の感覚をフル稼働させて情報を収集・分析する総合的判断力が問われるスキルです。

耳で聴く＝事実傾聴

相手が言葉にしたメッセージにしっかりと耳を傾けて、理解する。

目で聴く＝推測傾聴
言葉以外の相手の行動（姿勢、表情、しぐさ、声のトーン）などにも注目し、様子を観察する。

心で聴く＝感情傾聴
言葉の裏側にある感情に寄り添い、共感する。

1章で紹介した「メラビアンの法則」を思い出してください。人と人とのコミュニケーションにおいて「言語情報（言葉そのもの、話の内容）」が7％、「聴覚情報（口調、声のトーンなど）」が38％、「視覚情報（表情、視線など）」が55％の割合で影響を与えるとお伝えしました。

傾聴のスキルを高めるためにも、「メラビアンの法則」を理解しておくことにはとても意味があります。

本来、私たちは相手を理解しようとする際に、言語情報だけでは判断していません。むしろ表情や声のトーンといった非言語の要素に重きを置いています。ところが、**部下との面談といった場になると、言語情報だけで判断しようとしてしまう**ことも多いものです。

たとえば部下が「問題ありません」と言ったとしても、声のトーンが低く、表情が暗い場合には、実際には何か問題があるのかもしれません。しかし、その部下の言葉を耳だけでしか聞いていないと、その違和感に気づくこともできないのです。

傾聴の原則は観察です。相手の話に耳を傾けながら、単にその言葉を理解するだけでなく、その背後にある感情や態度も理解し、共感し、さらに適切なタイミングで頷いたり相槌を入れたりしながら、「あなたの話を真剣に聴いていますよ」と目に見える形で伝えることで、さらに相手から言葉や反応を引き出します。

聴くことは受け身ではできない

なぜ、上司と部下とのコミュニケーションにおいて「傾聴」が大切なのでしょうか。それは、**コミュニケーションの前提となる土壌を整えるため**だと私は考えています。

私たちは一人ひとり、異なるバックボーンを持っています。生まれ育った環境や、過去の成功体験や失敗体験、さまざまな経験から自分だけの「フィルター」を持っており、そのフィルターを通して出来事を認知したり、あるいは発信したりしています。

特に今は多様性の時代で、価値観も受けてきた教育も、職歴もこれまで以上にバラバラです。このフィルターの違いを知らないまま、ただ指示だけ出しても、人によっては物足りなかったり、難しすぎたり、あるいは納得できなかったりとズレが生まれてしまうのです。

また、相手の背景にあるものを知ることができると、今、目の前で起きていることについて**「なぜこういう行動を取ったのか？」「その発言がどこから出てくるのか？」**を探ることができ、本質的な課題解決に近づきます。

繰り返しますが、傾聴とは情報収集です。相手がこれまで生きてきた裏にある大きな背景と、今、目の前に見えている行動の背景を深掘りしていくことで、より深い人間関係の構築に役立てることができます。

傾聴力は「人間総合力」

さて、そのように考えると、「傾聴」は決して受け身ではできませんし、〝ながら〟でもできません。ベストセラーの書籍『ＬＩＳＴＥＮ――知性豊かで創造力がある人になれる』（日経ＢＰ）の著者ケイト・マーフィ氏は、このように表現しています。

「聞こえる」は受動的です。「聴く」は能動的です。もっとも優れた聴き手は、聴くことに意識を集中させ、聴くために他の感覚も動員します。脳みそをフル稼働させて入ってくる情報すべてを処理し、そこから意味をひき出します。

「傾聴」は簡単ではありません。集中力も、忍耐力も、持久力も必要ですし、加えて相手に対する興味や探求心も欠かせません。それこそ**「総合的人間力」**が求められるスキルであり、その人の器や人格を意味するとさえ思っています。

自分の傾聴レベルを確認する

「聞く〜傾聴」には大きく4つのレベルがあります。

レベル0：無視する、あるいは実際に聞いていていない
レベル1：聞くふりをする。「うん、うん」と相槌を打っているが、右から左に聞き流している。
レベル2：選択的に聞いている。会話が部分的にしか耳に入っていない（入れていない）。
レベル3：注意深く、集中して、相手の話を五感で聴く

さて、あなたは今、部下に対してどのレベルでしょうか？　相手によって自分の傾聴レベルが変わってしまっていることもあると思います。特に部下や身内など、無防備な相手に対しては、フラットに聞けていないことがよく起こります。

☑ 人によって、聴き方に差がある
☑ 相手の話を遮って、自分の考えを言う
☑ 課題解決が浮かんでしまい、アドバイスをしてしまう
☑ 「この人は○○だから～」とレッテル貼りをしている
☑ スマホを見るなど、他のことをしながら話を聞いている
☑ 相手の話に興味を持てない
☑ 相手の話の内容、背景に「なぜ」が浮かばない

このようなポイントに当てはまる人は、「聴くこと」が受け身になっており、意識的に行なえていない可能性が高いので、次項のポイントを改めて見直してみてください。

傾聴は事前の準備と段取りが重要

傾聴するとは、相手が話してきたことに対してどういうリアクションを取るか、どういう姿勢で聴くかということだけだと思っている人もいますが、積極的傾聴においては事前のアプローチや段取りもとても重要です。

まず、傾聴をする上で**「相手が感じよく、話をしやすい雰囲気をつくる」**ことは大前提です。その最たるものが**目に見える聴く姿勢。**

たとえば前のめりになる、笑顔をつくる、相手の目を見る、大きく頷く、相槌を打つ、などです。**人の目を見るのが苦手な人は、眉間あたりを見るとよいでしょう。**相手からは目線を合わせてくれているように見えます。最近は、オンラインの面談が増えていますが、画面越しでは頷きが見えづらいので、しっかりと自分の顔が映るように画角を調整した上で、より大きくジェスチャーをして、相槌も適度に声を出しながら進めることで**「私はあなたの話を聴いていますよ」**ということをしっかりと相手に伝える意識を持つことが重要です。

また、手をグーにしたり、腕を組んだりする「体を閉じる」姿勢はクローズドポジションと言い、警戒心や拒否感などを表わすポーズです。クセになってしまっている人も多いようですが、本来は「相手を受け入れない」気持ちの表われです。腕を組み、部下に心を開いて本音を話してほしいと思っている傾聴の場面では、まずは自分から腕や指を広げて、**オープンポジションを意識**しましょう。

上手な話の進め方

話の進め方にもポイントがあります。本題に入る前に、次のステップを踏みます。

①目安時間を確認する

まず、時間の目安を立てます。5分や10分くらい軽く話すのか、あるいは人事評価のために1時間面談をするのか、それによってもその場で聴く内容が変わります。相手に対しても「ちょっと、○分くらいいい？」「○時まで大丈夫？」など、最初に確認して、目安時間の前提を共有します。

②目的を伝える

その会話や面談が何のために行なわれているのか、という目的を相手と共有します。これは自分自身に言い聞かせる、という意味合いもあります。たとえば、進捗を確認したいだけなのに、部下は「怒られる」と構えてしまっているかもしれません。目的を共有しないまま話がはじまってしまうと、会話の方向性がズレてしまいます。

③プラスアルファトークを挟む

本題とは関係のない雑談を入れてウォーミングアップします。好意的であるという姿勢を示し、相手の緊張感をほぐします。ただし、自分のことをしゃべるのはNGです。相手が興味のあることや、プライベートな情報（すでにみんなが共有しており、ハラスメントにならないもの）から、小ネタを事前に準備しておきます。なお、その人が興味を抱くネタを見つけるためにも、日ごろからの観察が大切です。

④事実を共有する

まずは、すでにある事実を共有します。前提として捉えている事実が違うと、話が違う方向に逸れてしまいます。この時も、相手にしゃべらせるという意識を持ち、現状の認識を聞き出します。

×「今期の売上、まだ30%だけど、どうなっているんだ?」

↓ 部下は怒られていると受け取り、「すみません」ばかり言って萎縮する

○「今期の売上について、数字だけで見るとなかなかシビアだけど状況をもっと詳しく教えてもらえるかな」

↓ 部下から謝罪の言葉ばかり出てきたら、「どんな点が今、気になっているのか教えてもらえるかな」と問いかける

それでもなかなか言葉が出てこない場合は、「Aということ?」「Bが問題だと思う?」などと聞いていく↓部下なりの答えを引き出す

話を進めていく中で、部下にとって話しづらい話題だったり、そもそも話すのが苦手だったりすると、どんどんリアクションが小さくなっていくことがあります。相手のリアクションが小さくなると、それに引きずられるように、こちらも笑顔が減り、だんだん体が後ろに倒れていきがちです。

相手の心のガードを外すにはまず自分から。相手のリアクションが薄かったとしてもつられることなく、前のめりで、笑顔で話を聴きましょう。

会話の主導権は傾聴している人が持っている

さらに、ぜひ取り入れていただきたいのが**「リフレイン」**というテクニックです。

部下**「昨日は仕事が忙しかったんです」**
上司**「忙しかったんだね」**

このように、ただ事実を受け入れたり共感したりするだけでなく、相手の言葉を復唱します。リフレインを使うことで、言葉数が少ない人に対しても、しゃべりすぎる人に対しても、うまく場をコントロールすることができます。リフレインの肝は、**どのキーワードを拾うか**です。

まず、言葉数が少ない人との会話を考えてみましょう。

上司「今、何か困っていることはない？」
部下「ないです」

これではこのまま会話が終わってしまうので、別の角度から質問を投げかけてみます。

上司「そうか。たとえば〜〜ということとか、ちょっと情報として聞いたんだけど、〜〜の件は先方から返事はあったかな？」
部下「そういえば、なかなかあちらに催促しても返答が返ってこないんですよ」
上司「そうか。教えてくれてありがとう。私からの先方に連絡を入れてみるよ。いつから返事が止まっているかな？」

この時、上司であるあなたが「そうなんだ」と受け取るだけでは、そこで会話のキャッチボールは終了です。ここからさらに会話を続けていきたい場合は相手が使っていた言葉を復唱しながら聞き返していきます。キーワードを上塗りされると、発した側は受け入れられた、認められたと感じ、さらにその言葉を起点に話題を膨らませていきます。

話が長すぎる人にも、リフレインのテクニックを使います。どんなにたくさんしゃべる人でも、必ず息をつくタイミングがあります。その瞬間を狙って**「ちょっと1回、ここまでの話を、いったんまとめてもいいかな？」**と、強制的に自分のターンに持ってきます。

ここでは、大事なキーワードやフレーズだけを拾い、余分な話はあえて拾いません。そうすることで、関係のない話に広がりそうだった会話の流れを軌道修正することができます。相手が発したどのキーワードを拾うかでその後の話の展開が変わっていくのです。

重要なのは**「会話の主導権は、聴き手が持っている」**という意識で傾聴することです。話し手の話したいように進めるのではなく、**どういう情報を引き出したいのか、どういう展開にしたいのかという目的に沿って拾うキーワードを考えます。**このリフレインはやればやるほど、その効果の高さに驚きます。聴き手である自分が言葉に発したことによって、相手のスイッチが切り替わり、視野・視座・視点が広がり、話が深まるということをまずは実感してみてください。

著者からのアドバイス

「DiSC®」スタイルの傾向からみる傾聴ワンポイントアドバイス

Dスタイルの傾向がある方へ

■ 得意なところ

- 相手の話を論理的、効率的に整理して、要点を素早くまとめられる

■ やってしまいがちな失敗

- 相手の話を最後まで聞かず、途中で遮る
- 言葉が短く「イエス／ノー」でジャッジしてしまう
- 課題解決の方法を考えてしまい、傾聴の場面でアドバイスをしてしまう

著者よりワンポイントアドバイス

成果に一直線のDスタイルさんは、他人の話をじれったく感じることもあるでしょう。傾聴は「人の話を聴いてあげる」のではなく、実は自分の成果に直結するスキルです。関係のない話だと切り捨てず、まずは自分のためにも聴いてみましょう。

iスタイルの傾向がある方へ

■ 得意なところ

- 誰にでも笑顔や頷きなどのリアクションが大きく、朗らかな空気にできる

■ やってしまいがちな失敗

- 自分の話にすり替えて、聴く→話すになる
- 話を聴きながら頭に浮かんだアイデアを、そのまま口に出す
- 人に関心が高く自己投影しやすい

著者よりワンポイントアドバイス

承認欲求が人一倍のiスタイルさんは、人の話を聴くよりは自分が話すほうが好き。時に無意識に承認欲求が現われ、自分自身に興味を持って欲しいのであれば、まずは自分から相手に興味を持つ

こと。自分から歩み寄る姿勢を見せることで、互いの距離がぐっと縮まります。

Sスタイルの傾向がある方へ

■ **得意なところ**

- 傾聴全般が得意。仕事・プライベートにかかわらず相談事も集まりやすく、聴くに値する姿勢を自然に取れる

■ **やってしまいがちな失敗**

- 相手のペースになってしまった会話を軌道修正できずに、一方的に話を聞かされるという展開になる

著者よりワンポイントアドバイス

人の話に真摯に耳を傾けようとするのはSスタイルさんの大きな強み。しかし「会話の主導権は自分が持つ」という意識で、ペースや展開をコントロールするスキルを身につけると、その武器がマネジメントでも大きな効果を発揮します。

Cスタイルの傾向がある方へ

■ **得意なところ**

- 相手の言葉をそのまま冷静に、内容に焦点をあててフラットに受け取れること

■ **やってしまいがちな失敗**

- 話の本筋ではない些末な点が気になり、揚げ足取りのような批判をする
- リアクションが薄く話に興味がないようにも見え、機械的な反応になってしまう

著者よりワンポイントアドバイス

自分の中で確固たる世界観を持つCスタイルさんは、話の初めに自分の中に入れる話とそうでない話の区切りをつけがちです。抽象的な話を言われると理解に困りますが、そんな時は相手のこだわりポイントを探すつもりで観察をしてみましょう。

※「Everything DiSC®」のパーソナリティアセスメントは、目的別にパーソナライズされたフィードバックが提示されます。詳細が知りたい場合は、「DiSC®」認定資格者のもとでアセスメントを体験してください。

5章

知りたいと思ってこそ「質問力」の効果が発揮

質問の根底は「興味」

本章では、さらに部下の考えを引き出すための「質問力」について考えていきましょう。傾聴力が「相手が話をしやすい環境をつくる」ことだったのに対し、**質問力は「相手が話をしやすい聞き方をする」ことを目指します。**

「部下にどのような質問をすればいいかわかりません」――。リーダー研修ではこうした質問を受けることがあります。**質問すべきポイントは、単純にあなたが疑問に思ったところ**です。「この人はなぜ、こう考えているんだろう?」「なんでこんな言葉が出てくるんだろう?」。部下の話を聞いていて、自然に浮かんでくるこうした疑問を深掘りする質問を投げていきます。

疑問が浮かばないとしたら、相手に興味がない状態。言葉を変えれば、興味を持とうとしながら部下と接していないということです。

たとえば、あなたの初めてのデートを思い出してみてください。「どんな場所がいいかな？」「楽しんでいるかな？」「この表情ってどういう意味だろう？」「今の『信じられない』ってどういう意味だろう？」。

などなど、相手の一挙手一投足、ちょっとしたひと言まで気になって気になって仕方なかったはずです。それが相手に興味を持って観察するということです。もちろん、恋愛とマネジメントは同じではありませんが、同じ会社で働き、ひとつの船に乗ってビジョンに向かっていく仲間として、あの時の気持ちを思い出し、こちらから興味を持って歩み寄る姿勢が大事なのではないでしょうか。

私たちは**質問をすることによって情報を収集・分析・蓄積**します。相手の気持ちや考えていることも質問によって理解しようとします。質問が、人と人とのコミュニケーションで最も重要な役割を担っていると言っても過言ではありません。

質問の原則はやはり「5W1H」です。

When　いつ
Where　どこで
Who　誰が
What　何を
Why　なぜ
How　どのように

質問上手な人は5W1Hを使い分けて質問をし、自分が知りたい情報を収集します。

さらに**傾聴と質問をうまく使い、会話の主導権を握る**ことで、知りたいことを知ることができるだけではなく**「自分と相手の傾聴力が高まる」「思考力が高まる」**といった効果もあります。

まず質問をすると、した側もされた側も傾聴のスイッチが入ります。さらに質問と回答を繰り返すことでその傾聴モードが維持されます。傾聴のスイッチが入った状態でお互いに自分の考えを口にすると、自分が発した言葉が耳から再インプットされ、自分自身の理解も深めることができるようになります。

これは専門用語で「オートクライン効果」と言われ、自分で話した内容を自分の耳で聞くことで、自分の潜在的な欲求や考えに気づくことができる、というものです。

潜在的な想いを引き出すには
ジャッジではなくリサーチ

　メンバーの考えていることを知るための質問をしていたはずが、いつのまにかただの雑談で終わってしまったり、説教しているように受け取られてしまったりしたことはありませんか？

　リーダーが質問の目的を明確に持ち、着地につながるような質問を投げかけなければ、質問の本当の効果を発揮することはできません。

【質問の目的】

●自分に足りない知識や情報を補う

- 相手の思考や感情を知る
- 自分の置かれている立場を確認する

【質問の効果】

- 相手との信頼関係を高める
- 相手の自主性を引き出す
- 相手に気づきを与える
- 相手の思考を助ける
- 相手の意思決定を促す

繰り返しますが、質問の目的は「情報収集」です。質問によってその人を評価し、正解を出そうとすることとはアプローチのベクトルが少し異なります。

特に営業が強い企業に多いのですが、せっかく面談の場面を設けても数字の話ばかりになり、「質問」というよりも「詰問」になってしまっていることもあります。数字は明確なので、本人もわかっています。大切なのは、その背景にあるものを知って指導することです。部下時代、上司から詰められて嫌な思いをしたことがある人は、その大切さが身に沁みてわかっているのではないでしょうか。

「こうなってほしい」という上司側の要望を一方的に押しつけるのではなく、**部下の「こうなりたい」を引き出す意識**を強く持ってください。

質問の4つの種類

同じ内容の問いかけであっても、どのように質問をするかによってそこから引き出されるものはまったく変わってしまいます。質問の仕方を間違えてしまうと、むしろコミュニケーションが悪化してしまうことも珍しくありません。

まず前提として、先ほどお伝えした通り、上司側がしっかりと目的意識を持って質問をします。たとえば、その人の課題を知るためであれば、思考を深掘りするような質問をします。あるいは行動変容まで起こさせようとするなら、意思決定を促すような質問をします。

具体的にどのような質問を使い分ければいいのか。ここでは4つの種類の質問をご紹介します。

①クローズド・クエッション

YES／NO、二択、A or B or Cなど、相手に回答の選択肢を与えてその中から回答を選んでもらいます。質問された側も答えやすく、テンポよくやり取りを進めることができます。また、相手に決断を促す時にも有効です。

②オープン・クエッション

答えの範囲に制限を持たせずに、自由に答えさせる質問です。メンバーの考えや感情などを引き出し広く、深く考える機会を与えたい時に使うことができます。メンバー自ら言葉にさせることで、自発的な気づきや発想をサポートします。

「書類は明日にはできますか」↓クローズド・クエッション
「書類はいつできますか」↓オープン・クエッション
「あなたは今、A、B、Cのどれから取り組みますか」↓クローズド・クエッション
「あなたは今、何から取り組みますか」↓オープン・クエッション

③チャンクダウン・クエッション

チャンクとは「塊」の意味で、チャンクダウンとは塊を小分けにしていくように課題を細かくほぐすというニュアンスです。相手が言ったことを解きほぐすイメージで曖昧な状況や考え・課題を具体化、細分化します。ひとつの塊を掘ったら次の塊へ移行する「水平チャンク」を組み合わせて解きほぐすとよりよいでしょう。

④チャンクアップ・クエッション

塊をより広い視野で見るように、課題をその物事の根本に回帰させるための質問です。本質的な問題解決へ向かうために「なぜ?」「つまりどういうこと?」と問い、抽象化された上位概念を引き出して、最終的に課題と目的を明確化します。

この4つの質問は、どのように使うかがとても重要です。特にクローズド・クエッションはYES／NOで答えやすく、上司としてもどんな答えが返ってくるか予測しやすいため多用してしまいがちですが、やり方によっては詰問のように感じられてしまうので気をつけましょう。

4つの質問は次のような順番で使うと効果的です。

①オープン・クエッションで多くの選択肢を引き出す
②チャンクダウン・クエッションで課題や問題点を細分化する
③チャンクアップ・クエッションで課題・問題点の根本に気づく
④クローズド・クエッションで確認、決断や行動を促す

上司「この夏の新商品ビールのPR戦略について、どのようなことを考えているの？」
部下「人気俳優起用のCMや各地の花火大会とのコラボ企画に、SNS戦略など、多くの施策を考えています」
上司「花火大会のイベントについて詳しく聞かせて。具体的に今決まっている開催地と時期は？」
部下「○○市の花火大会が7月の2週目、○○市が8月1週目など、7月中旬から8月末まで、毎週末予定しています」

上司「そうか、暑い中、いろいろとイベントが目白押しだね、ありがとう。その他のCM、SNS運用まで、担当人数は足りているかな?」
部下「はい。大丈夫です」
上司「楽しみだね。期待しているよ。人員不足とか、何かあれば早めに言ってね」
部下「はい。その時はお願いします。頑張ります」

詰問になりがちなクローズド・クエスチョンも、決断や行動を促したり、意思を確認したりするサポートとして使う場面ではとても有効です。それぞれの質問の違いを理解して、うまく使い分けができるように練習しておきましょう。

怒りの質問は不毛なコミュニケーションにしかならない

質問の原則は「5W1H」ですが、その中で気をつけなければいけない言葉があります。それが「Why：なぜ」です。

「なぜ」ではじまる質問は、質問者に意図がなかったとしても相手は否定されていると感じ、拒絶反応を起こしやすいのです。

「なんで同じミスを繰り返すんだ！」――。こうした怒りの質問はどう転んでも不毛なコミュニケーションにしかなりません。

人から怒られた時、その反応は人によって異なります。

A：「はい、すみません……」と怒りが増幅しないように気遣うだけで、傾聴モードは閉じる
↓怒っている側は、素直な姿勢に相手が理解していると勘違いする

B：理路整然とした回答で反論する
↓怒っている側は、余計に頭にきてしまい、他に怒る点や悪い点を探そうとする。怒っている側の傾聴モードが切れて、本格的な怒りモードに突入する

C：「自分のせいじゃない」と責任を回避
↓怒っている側は、その無責任さにさらに怒りが増幅する
↓本人は「自分のせいじゃない」と思っているので、怒る矛先が違う、とさらに責任を回避しようとする

D：怒られたショックで頭が真っ白になってしまい、フリーズ
↓怒っている側は、さらに追い討ちをかけるように問い詰める

Ｅ：何を答えても怒られるだけなので、傾聴モードを閉じて、黙って嵐が過ぎるのを待つ
↓怒っている側は、黙っていることに腹を立てる

このように、怒りの質問をぶつけると部下がどのようなタイプであっても、いい方向に展開することはないのです。

怒っていると感じられやすい**「Why：なぜ」の質問は、できるだけ「How：どうして」「What：何」に置き換えて質問する**ようにしましょう。

×「なんで同じミスを繰り返すんだ！」（Why）
○「ここのところミスが多いけど、どうしたら改善できるだろう？」（How）
○「ここのところミスが多いけど、何が原因か気づいていることはある？」（What）

How や What で問いかけることで本人に考えさせることができ、それが気づきにつながります。**ポイントはプラス行動につながる How／What であることです。**

キラー質問「僕はこう思うんだけど、あなたはどう思う?」

〝怒る〟とは、ただ相手に自分の感情をぶつけているだけです。そうではなく相手に成長や改善の気づき、機会を与えるための**「叱る」質問**をするようにしましょう。前項で、怒られた時の反応の違いをご紹介した通り、対人関係における反応にはいくつかのパターンがあります。ここではパターン別の上手な叱り方をご紹介します。

「自分に対して肯定的か、否定的か」「他人を受け入れやすいか、受け入れにくいか」という2軸のマトリクスで考えます。

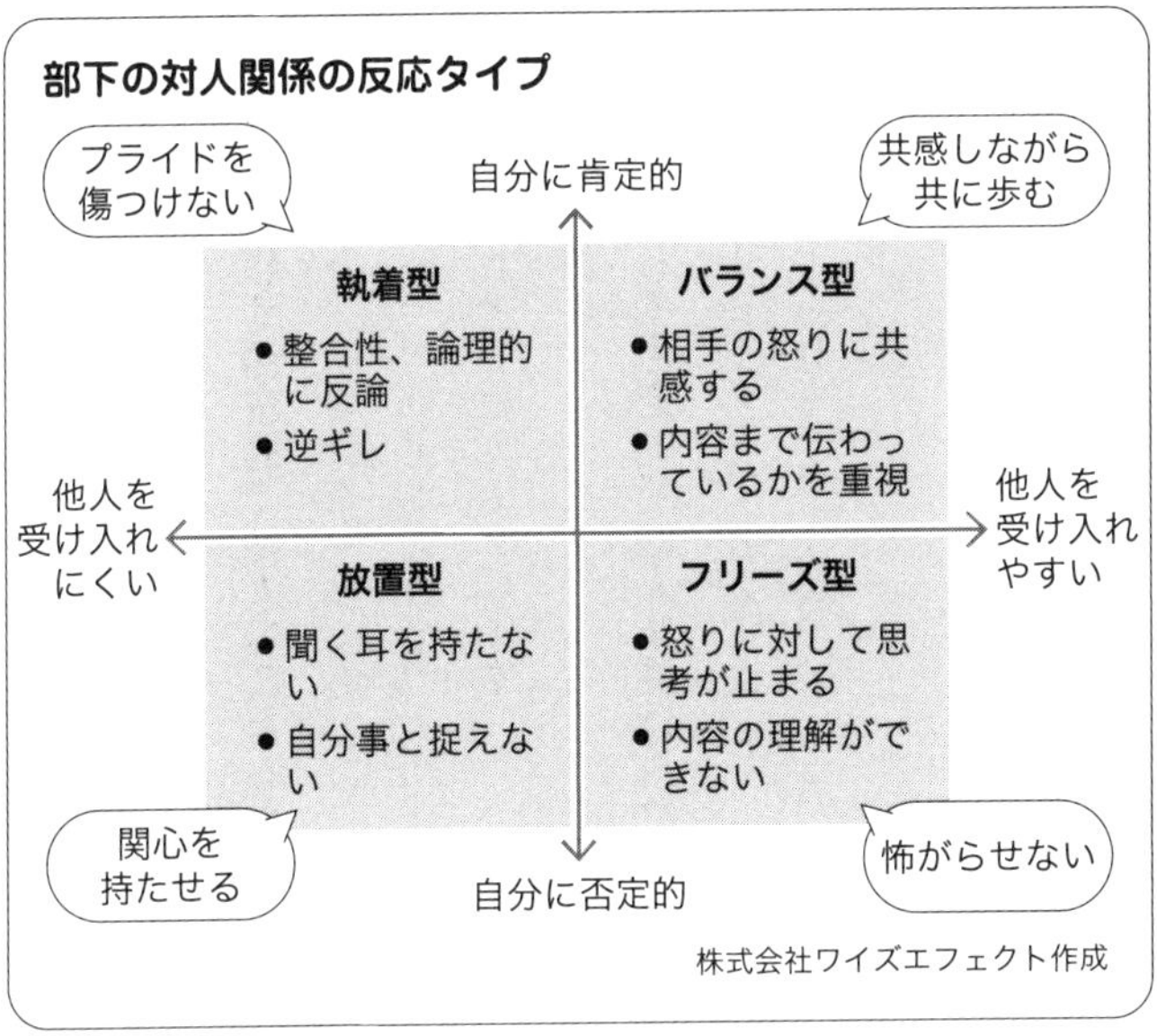

①自分に対して肯定的で他人のことは受け入れない「執着型」

自分の意見に対して確信を持っており、自分の中の整合性にこだわり、叱られると反論したり場合によっては逆ギレをしたりすることもあります。叱る場合も、できていることは認めた上で論理的にかつプライドを傷つけないように配慮します。

②自分に対して肯定的で他人も受け入れる「バランス型」

上司の反応を見ながらそこに合わせられるタイプなので、上司側が「伝わった」と誤解してしまうことがあります。共感を求めるような質問をし、きちんと理解をしていることを確認します。

③自分に対して否定的で他人のことも受け入れない「放置型」

怒られたり、叱られたりしても心を無にして嵐が通り過ぎるのを待っています。傾聴モードがシャットダウンしている状態なので、まずは相手の聞く耳を立て、やる気を促すようなアプローチをします。

④自分に対して否定的で他人を受け入れやすい「フリーズ型」

怒られたと感じると、頭が真っ白になってしまいがちです。態度や言葉がきついと威圧的に感じられるので、怒っているわけではないと伝え、怖がらせないことを意識します。

この対人関係の4つのタイプは「ＤｉＳＣ®」モデルとは少し異なるので、改めてチームメンバーの顔を思い浮かべながら「あの人はどのような反応をするだろう?」

とイメージしてみてください。

キラー質問を使いこなそう

そして、どのタイプの人にも共通して使えるキラー質問があります。

「僕はこう思うんだけど、あなたはどう思う?」

このように問うことで、一方的な押しつけになることを避けながら、導きたい方向へのガイドを示すことができます。使い方にコツがあり、まずは相手の意見や仕事を受け入れて肯定した上で、改善の提案をします。

部下の資料に対するフィードバックの場面を想定して考えてみましょう。資料に載っているグラフのデザインがいまひとつだったとします。

【NG例】

①「グラフ、なんでこんなデザインにしたの？」

↓否定されている、怒られていると感じる。

②「このグラフ、もっとこうして色も青で揃えたほうがよくない？」

↓イエスしか言えない。一方的な押しつけになってしまい、また部下も自分で考えなくなる。

③「こんなグラフじゃだめだよ！　どうすればもっとよくなると思う？」

↓否定から入ってしまうことで、部下の傾聴モードがシャットダウンしてしまう。

【GOOD例】

「今回の提案書はストーリーがわかりやすく設計されていたね。グラフの表現を工夫すれば、提案書の説得力がさらにアップすると思うんだけど、どうだろう？」

↓肯定された上での改善の提案であれば素直に聞き入れやすい

本章でお伝えしてきた通り、質問の仕方を工夫することで、部下の自主性を引き出したり、行動変容を促したりすることもできるようになります。日ごろ何気なく使っている「質問」を、改めてこの機会に捉え直してみましょう。

著者からのアドバイス

部下の「DiSC®」スタイルの傾向からみる質問の仕方

Dスタイルの傾向を持つ部下へ

■ 質問に対する反応

- 言葉は短く端的だが背景、経緯が見えない
- 答えはパッと返ってくる
- 事柄に対する答えはすぐに返ってくるが、気持ちが見えない

（例）

上司「お客様からご依頼のあの件はどうなっているかな」
部下「あの件ではわかりません」または「大丈夫です」

上司「今、きみが課題と思っていることを聞かせてもらってもいいかな」
部下「ないです」

■ 本音を引き出す質問のコツ

前提として目的を確認し、意味があることを伝えて、詳しく経緯や背景、気持ちなどを段階を踏んで端的に聴いていく。

上司「○○さん、今、少し時間ある?」
部下「はい」
上司「じゃあ、10分だけもらうね。今月の営業状況について確認したいのだけどいいかな」
部下「はい」
上司「今月は先月と比べてどうかな」
部下「厳しいです」
上司「課題はあるんだね。その課題は明確になっているの」
部下「なっています」

上司「なっているんだね。そうか、では聞かせてくれるかな」
部下「ひとつは○○、2つ目は○○、3つ目は○○ということですね」

ポイント

あまりにひと言で返すので「不快なのかな」「怒っているのかな」「ふてくされているのかな」と上司が思いがちですが、長々言われるほうがDスタイルの人にとって「何を言いたいの?　結局は?」と思ってしまうので、本題から話をしても大丈夫です。言葉が短く端的に表現することと感情はリンクしているわけではないので、上司も単刀直入に尋ねるようにしましょう。

iスタイルの傾向を持つ部下へ

■ 質問に対する反応

- 表情を豊かに出す、事柄ではなく自分に焦点があたるような返答をする場合が多い
- 感情的な言葉が、よきにつけ悪しきにつけ出てくる傾向がある

■ 本音を引き出す質問のコツ

あなたのことはわかっていますよ、認めていますよという雰囲気や相手に寄り添う様子を見せて質問していく。承認欲求や自己重要感が少ないと、不安になったりモチベーションが下がってしまったり感情に焦点がいってしまうので、言葉を選ぶとよい。

上司「○○さん、忙しいところ悪いね、今、少し時間ある?」
部下「課長、今ちょうど手が空いたところなんです」
上司「そうなんだね。それはよかった。今月の営業の状況について聞いてもいいかな」
部下「営業の状況ですか。まだ中旬なのでこれからのつもりでいましたが、大丈夫です」

上司「今月と先月と比べて、○○さんから見て気になるところはあるかな」
部下「私としては同じように動いてますが、今月は新規が少ないように思います。でも頑張りは先月と一緒ですよ」
上司「そうか、先月も今月も○○さんは意識してやってくれているんだね」
部下「もちろんです！　あ、そう言えばちょっと気になる情報を聞いたのですが」
上司「そうか。それはこの話の後に聞かせてもらってもいいかな、さっき言っていた今月は新規が少ない話を具体的に教えてもらえるかな」
部下「はい、私はずっと変わらず電話したり訪問したりはしているのですが〜〜」

ポイント

部下に対して関心を持つような話しぶり、興味をより示すようにしましょう。「きみの話はいいから」「で、結局何がいいたいの」「きみの話はあちこちに飛んで意味がわからない」など本人を否定するようなワードに対して反応されやすいので気をつけましょう。いきなり本題に入って冷たいと思われてしまうと、このスタイルの部下は表情や話しぶりにもその感情が出るので、見逃さないように。「共感」を意識しながら、本題に沿って話すことを意識するとよいでしょう。

Sスタイルの傾向を持つ部下へ

■ 質問に対する反応

- じっと静かに聴く、まずはすべてを聴こうとする、不快な態度は取らないけれど、内容によっては口が重くなる傾向がある
- それはよく考えたり相手の意見を全部受け止めてから話そうと思っているからで、反応が遅いからといってそれを責めてしま

うと苦手意識を持たれてしまう

■ **本音を引き出す質問のコツ**
穏やかに話すように意識するとよい。話すスピードが速い、畳みかけるように話してしまう、言葉が短い、語気が強い人は、意識して相手の話すスピード感や雰囲気を尊重しながら質問する。

（例）
上司「○○さん、忙しいところだけど、今、時間大丈夫かな」
部下「はい、大丈夫です」
上司「今月の営業の状況について少し教えてもらってもいいかな」
部下「営業の状況ですか……、わかりました」
上司「○○さんは先月に比べて今月、気になっていることはあるかな」
部下「……」
上司「今月は課全体でも新規が少ないんだけど何か思い当たるところがあれば聞かせてもらえると助かるんだけど」
部下「課全体でもそうなんですか。実は少し前からその兆候があるかなと思っていて、みんなでなんとかできたらいいなとは思っていたのですが」
上司「そうなんだね。ありがとう。みんなにも役に立つならありがたいから、○○さんの状況も含めて思っていたことを聞かせてください」
部下「ここ最近～～（具体的な話）」

ポイント
話の内容次第で、すぐ反応せずに受け止めて聴くことに集中してしまうので、意見がないように感じる場合もあるかもしれませんが、それは着実な返答をしようと思っているためなので、そこで急かさないようにしていきましょう。また自分のためというよりもみんなのため、人の役に立つことに対して行動優先事項が高いので、そのあたりも意識した質問を投げかけましょう。威圧的、感情的にアプローチすることは、Sスタイルの人にとっては最大のストレスになるのでくれぐれも気をつけましょう。

Cスタイルの傾向を持つ部下へ

■ 質問に対する反応

- 目をなかなか合わせない、言葉を選ぶ、なぜそれを質問してくるのかを知りたいと思う
- 声も小さく、アクションも少ない

■ 本音を引き出す質問のコツ

- 質問をする前に、聞きたいことに対しての整理をしておく
- 質問する時にはわかりやすく、ロジックに感情を入れることなく聞いていく

（例）

上司「○○さん、今、10分間だけ営業の進捗について聞いても大丈夫かな」

部下「10分ですね。大丈夫です」

上司「今月の状況が先月の同時期と違うような気がするんだけどどうかな」

部下「そうですね。3割少ないですね」

上司「3割か、そのあたりよく把握しているけど、何か考えられることはあるかな」

部下「新規が今月になり4割減っています。ただ既存がよいため、3割ダウンになっていると思われます」

上司「そうなんだね。具体的な数字も把握していてくれてありがとう。ではその新規を月末までに2割アップするには何か具体的な手立てはあるかな」

ポイント

感覚的な話は伝わりにくいので、具体的な根拠や背景を伝えましょう。また、その部下のこだわりポイントを認めることでより会話が増えるところがあります。もし部下がこだわっているポイントについて「そんなことはどうでもいいんだよ」「それは関係ないよ」などと否定的な言葉を伝えると、話す言葉の数は減少してしまいます。

また上司の話が、整合性が取れていないと部下はそこが気になって仕方なくなります。感情が読みにくいため、乗り気じゃない、ふてくされているように勘違いをしやすいですが、途中で遮ったりせずに聴いていきましょう。

※「Everything DiSC®」のパーソナリティアセスメントは、目的別にパーソナライズされたフィードバックが提示されます。詳細が知りたい場合は、「DiSC®」認定資格者のもとでアセスメントを体験してください。

6章

励まし
コミュニケーション
「アクティブスピーチ」

言葉の力

「赤い果物を想像しないでください」

　さて、あなたの頭には今何が浮かびましたか？　**私たちの脳は「言葉」に強く影響を受けます。**特に日本語の場合、肯定・否定が文章の後半につくため、文を最後まで聞かないと（読まないと）その意味が理解できません。しかし、脳はそれよりも早く、聞こえてきた言葉に即座に反応をしてしまうのです。

「赤い果物を想像しないでください」と言われると、十中八九、赤い果物を想像してしまいます。このワークは研修の中でもよく行なうのですが、リンゴ、スイカ、イチゴなどがやはり多くあがります。新入社員研修だと、まだ思考が柔軟だからか、バナナやパイナップルといった赤くない果物があがることもありますが、いまだかつて

「果物以外」があがったことはありません。

つまり、**私たちは知らず知らずのうちに、人から聞いた言葉や自分が発した言葉に強く影響を受けている、**ということです。

たとえば、「ミスをするな」と言うと、まず真っ先に「ミス」という単語が聞こえてきます。文の意味としては「ミスをしないようにしよう」というものであったとしても、頭の中には「ミス」が強く刷り込まれ、先の赤い果物と同じように、ミスをするイメージが浮かんでしまうのです。

同様に「負けるな」という言葉も、「負ける」が先行し、負けるイメージが頭に浮かんでしまいます。**人は右脳でイメージしたことを、左脳で理屈づけて考えます。**右脳がダメだと思うと、左脳はできない理由を考えますし、逆に右脳ができると思うと、左脳はできる方法を考えます。

具体的にリサーチされたことがあるそうなのですが、学校でよく見る次の標語、

「廊下を走るな」
「廊下は静かに歩きましょう」
どちらが、生徒たちに効果的だったかは想像できますよね。

日ごろ、何気なく使っている言葉はとても重要なのです。

ネガティブな単語（例：ミス、負ける）を使う
↓右脳でネガティブなイメージを描く
↓左脳は、ミスをする、負けるための理由づけを考える

ポジティブな単語（例：うまくいく、勝つ）を使う
↓右脳でポジティブなイメージを描く
↓左脳は、そのイメージを実現する方法を考える

「ピグマリオン効果」や「ゴーレム効果」というものを聞いたことはありますか？

「ピグマリオン効果」とは、心理学者のバート・ローゼンタール氏によって提唱されたもので、「人は他者から期待されると、期待に沿った成果を出す傾向にある」というものです。「ゴーレム効果」とは、逆に「他者からの期待や評価が得られなくなると、成果や成績が下がる現象」のことです。

本章のタイトルにもなっている「アクティブスピーチ」とは、人（自分も含む）を導き、前向きな行動へ促すための話し方です。人への声がけ、励ましに加え、自分自身がゴールに向かう際に〝言葉〟を通して具体的によいイメージを描くことも含まれます。自分やまわりの人の行動の背中を押す話し方です。

ここぞという時に部下に励ましのメッセージを送れる上司は多いですが、それ以上に、日ごろあなたが使っている言葉の積み重ねが大きな意味を持つことをしっかりと自覚をしておきましょう。気づかないうちに、メンバーの夢の実現や目標達成の邪魔をするドリームキラーになっているかもしれません。

「褒める」ではなく「励ます」コミュニケーション

部下をいかに褒めるか――。これは現代において多くのリーダーたちの頭を悩ませている問題です。近年は、子育ても部下育成も、「厳しく育てる」という考え方から「褒めて伸ばす」という考え方に移行しつつありますが、何をもって厳しいのか、何をもって褒めているのか、その定義にばらつきがあるように思えます。

特に年齢層が高い上司の話を聞いていると、「褒める」ことに対して苦手意識を持っている人も少なくないようです。部下をヨイショしたり、甘やかしたり、時には事実を曲解したりして気を使わないといけない……。そんなイメージを持たれがちです。

実際には、「褒めて育てる」と「厳しく育てる」の両立は可能ですが、こうした言葉のイメージを持たれているため、私は「励ます＝アクティブスピーチ」という表現を使うようにしています。できたことを称えるのではなく、**追従して背中を押してあげる**ような、そんなコミュニケーションを取るイメージです。

部下育成のゴールは、その人が自立して自走するようになることです。手取り足取り教えてあげることや、いつも褒めることでモチベーションを維持させることではなく、**本人の中に動機づけをし、自分で気づき、最終的には自分で自分を励ませるようになることが理想**です。つまり、ずっと隣で励まし続けないといけないわけではなく、部下の成長に合わせて、次第に離れていくことを前提としています。

自分の励まし方やモノの捉え方がわかってくれれば、部下は自分で自分をコントロールする術を学ぶことができ、今後その人が上司の立場についた時、そのやり方を自分の部下に教えることもできるようになります。そうした循環を組織の中で起こすことができれば、主体性を持ち、イキイキと仕事をする人材が増えていきます。

プラス面とマイナス面の両方を描く

同じ事実に直面した時に、それをどのように捉えるかは人によって異なります。**2人の人が同じ事実を見ながら違う意見を持ち、しかもその両方が正しいということはあり得る**のです。

たとえばスポーツの試合で、結果が「引き分け」だったとします。選手は「強豪チームをドローで抑えた！」と喜んでいる一方で、コーチは「チャンスだったのに、なぜ勝てなかったんだ！」と悔やんでいるかもしれません。事実をどのように捉えるかで、その後の行動も変わっていきます。

この物事の捉え方は、思考のクセによるものが大きいです。思考グセは本人の性格によるところもあれば、育ってきた家庭環境の中で身についたものもあります。自分の思考のクセに気づき、よりよい行動が取れるように自分自身で修正をすることができれば一番よいです。チームメンバーの場合は自分で気づけないことも多々あると思いますので、リーダーがうまくサポートをしてあげましょう。そして部下を導くためにも、まずは自分自身の思考のクセを把握しておくことも大切です。

この時の留意点は、**何事もプラスに捉えればいいわけではない**、ということです。昨今の時流として「ポジティブ」「プラス思考」がよいとされがちですが、私はプラスとマイナスをバランスよく考えられることのほうが大事だと考えています。

さて突然ですがここで質問です。

天気予報で「降水確率30%」の時、あなたは傘を持って行きますか?

研修でもよくこの質問をしてみるのですが、雨が降るかもしれないから念のため持って行く人もいれば、70%は降らないということだと考えて持って行かない人、そもそも気にせず雨が降ればコンビニで買えばいいと思う人など、考え方はバラバラです。それだけ人によって思考グセが異なるのです。

人の数だけ考え方がある

また、ある時こんなことがありました。研修の前に大雨が降り電車が遅延し、参加者の中で到着が遅れる人がでました。その時「どうせ少し待てば運転再開するだろう」と遅刻の連絡だけをしてきた人もいれば、「絶対に遅刻してはいけない！」と何千円もかけてなんとかタクシーで会場まで来た人がいたのですが、なんと到着したのは同時でした。

これはどちらがよい悪いという話ではなくて、こういう**考え方の違いがあるということを想定できるかどうか**が大事なのです。

待つ人も行動する人も到着時間という結果は同じでしたが、駅で待った人は、これまでの経験からこのまま待っていれば運転再開するだろうと考えた「経験値」からの判断。一方、状況を悲観的に捉えて、なんとかしようとタクシーで来た人は状況に対応する「手立て」を考える思考。どちらもしても、「どうしたら時間に間に合うか」というポジティブな方向を目指してのことでした。

思考がネガティブに寄りがちな人は、状況を悲観的に捉え過ぎてストレスを抱えたり行動を起こせなくなったりして、その状況を変えたいと思っているのに変えられないままである一方、状況を打開するための「手立て」をたくさん考えることができます。逆に思考がポジティブに寄りがちな人は、常に前向きに行動することができる一方で、場合によっては読みが間違うこともあります。とはいえ、軌道修正も前向きに行なえるので、すぐに他の方法で最適な方向へ進んでいくでしょう。

物事を捉える時に、プラス思考でもマイナス思考でもそれぞれによいところがあるので、安易にマイナス思考の人をプラス思考に変えようと考えるのではなく、思考の深掘りをすることが重要です。

特に上司が、根拠のないプラス思考の場合、「気合いと根性でなんとかなる!」「いちいち細かいことなんて気にしなくていい！」など、漠然としたアドバイスしかできないことがあります。まずは自分の思考のクセに気づき、うまくバランスを取るようにリーダー自身が心がけましょう。

メンバーの状況を言葉の力で価値にする

わからないことや困ったことがあった時に自分から聞きにくることができる部下は稀です。そもそも何がわかっていないのか、どこができていないのかがわからないまま混乱してしまっていることが多いので、質問を投げかけながら絡まった糸をほぐしてあげる必要があります。

こうした場合、ここまでのプロセスに意味がないような言い方をしてはいけません。ここまで本人が頑張ったことを否定して新しく組み立てようとするのではなく、**本人がやったことは認めてあげながら、新たにつけ加えてあげるようなアプローチ**をとります。

今回は、頼んでいた社内用のリサーチ資料が納期に遅れているシチュエーションを想定して考えてみましょう。

【NG例】

「早くしてって言ってるじゃない！」

↓怒りは、不毛なコミュニケーションにしかならない。

【GOOD例】

上司「納期はいつだったの？」

部下「〇日です。すみません、まだできてません」

上司「今、どこまでできてるの？」

部下「ちょっとここで止まってしまって……」

上司「ここまでは考えられたんだね。あとどのくらいかかりそうかな」

ポイントは、できていないところに焦点をあてるのではなく、**できているところを言語化し、今の状況に価値があると伝える**ことです。「もっとこうしたほうがいい」と思うことがあってもいきなり答えを示すのではなく、部下本人に考えさせるというアプローチをとることが重要です。

このコミュニケーションは、**上司の側にかなりの忍耐力が求められます。**なぜ上司である自分がこんなに気を使わないといけないんだと思うかもしれませんが、相互理解のためには、まず自分から歩み寄ることが必要なのです。

期待していることを伝え、背中を押すと自走する

ここで改めて、37ページの「マズローの欲求5段階説」の図を見てください。

若い世代を中心に、自己承認欲求が高まっていることは本書の中でもお伝えしていますし、みなさんのまわりを見ていても感じることがあると思います。ここで注目をしていただきたいのは**「欠乏欲求」と「成長欲求」**という2つのキーワードです。

「生理的欲求」「安全の欲求」「所属と愛の欲求」「承認欲求」までの欲求レベルは「欠乏欲求」です。「欠乏欲求」が満たされないと、不安やストレスを感じます。そこで不足しているものを満たすことが動機づけになり、実際に満たされるとその欲求は一時的に消えます。

さらにその上にある「自己実現の欲求」は、「欠乏欲求」がある程度満たされた後に現われるもので、自己の成長や発展を追求する欲求です。人間の潜在能力を最大限に引き出し、自己実現を目指すものです。

あくまで私の解釈ではありますが、**「褒める」は自己承認の範疇**だと考えています。褒められることで部下は一時的に「欠乏欲求」を満たすことができますが、いつまでもそのレベルにいると、ずっと褒められ続けなければ「承認欲求」が満たされません。

部下育成においては、**部下の欲求レベルを「自己承認」から「自己実現」に引き上げるという意識がとても重要**です。**期待している、その人の力を信じるというスタンスが、部下の自己実現を後押しします。**「欠乏欲求」と違い、成長欲求には限界がないため、自己実現のフェーズに上がった部下は青天井に成長していくことができます。

失敗という思考のクセに対処する

私たちは誰しも、ある日突然歩けるようになるわけではありません。赤ちゃんがハイハイからはじめて、立ち上がり、歩けるようになるまでは何度も何度も転び失敗します。赤ちゃんはそもそも「失敗した」ということを覚えておく機能がまだできあがっていないそうです。なので、何度失敗しても諦めずにまた立ち上がり、挑戦をしようとします。その積み重ねの結果、今こうして歩くことができています。

ところが、3歳ごろになると「失敗」を覚えるようになり、挑戦することに躊躇することが出てきます。その時に「できるよ！」「やってみよう！」と声をかけられて育った子どもは成長欲求が満たされて育っていき、次第に自分でも「やってみればできる！」と思えるようになり、どんどん成長のスパイラルに入っていきます。反対に成長欲求が満たされないまま育った人は、ここぞというところで一歩踏み出す勇気が持てず行動を起こさないままになってしまい、「できない」「うまくいきっこない」という感覚ばかりが強くなってしまいます。

社会に出てからもこの思考のクセが強く残り、特に自分で自分に期待をすることが苦手な人には、子どもたちの成長を見守る親のように、まずは**「やってみたらできるかもしれないよ！」「あなたならできるよ！」「何かあってもフォローするから、思いっきりやってみなよ」**と背中を押してあげましょう。

部下に対して「期待している」と伝えるためには、**上司は一度自分をフラットにしないといけません。**特に上司自身がまだ「自己承認」の欲求レベルにいる場合、〝自分〟が先に出てしまい、人の成功や成長を心から喜べないことも珍しくありません。

部下に「期待している」と伝えることは、上司自身が「自己実現」のフェーズに上がり、人間力を高めていくこととセットで考えなければいけないのです。

アクティブスピーチは質と量

本章では、具体的な事例を出しながら「励ます」コミュニケーションの手法をご紹介してきました。でも、ここで紹介した方法を使えば、部下がすぐに変わって劇的な成長を遂げるかといえばそんなことはありません。だからといって諦めないでください。折に触れて気にかけているということを伝えることがまずは大切です。

励ましの言葉、アクティブスピーチにもさまざまな手法がありますが、その方法を完璧にマスターすればよいということではなく、ご自身の部下とのコミュニケーションを重ねながらその人が前向きに、主体的に仕事に取り組み、自己実現を果たすことが本来の目的です。

よく「会話のキャッチボール」という言葉が使われます。あなたは、はじめての相手と（実際の）キャッチボールをする際、まずはどんなボールを投げますか？

きっと、**相手が取りやすいボールを投げるでしょう。**はじめての相手の場合、お互いのレベル感もわからないので、まずは緩い球を投げてみて、相手が取れるかどうかを確認するでしょう。いきなり豪速球や変化球を投げたりしないはずです。むしろ、相手が取りにくそうだったなら、「ごめん、ごめん。今の球はちょっと取りにくかったね」と、次のボールはもっと相手が取りやすいようにより意識するのではないでしょうか。そうやって、**少しずつ相手の反応を見ながら、投げるボールを調整しながら、ちょうどよいキャッチボールが続くように工夫をする**はずです。

その感覚を、ぜひ会話のキャッチボール、部下とのコミュニケーションの際にも思い出してほしいのです。あなた自身のアクティブスピーチも、部下との信頼関係も、部下の成長も、キャッチボールの積み重ねの中で、少しずつ醸成されていきます。

7章

メンバーのモチベーションの源を知ろう

モチベーションの意味

「部下のモチベーションを上げる」ことはリーダーの役割のひとつだと言われていますが、そもそもモチベーションとは何でしょうか？

モチベーションとは、**人が何かを行なう際の原動力や意欲**のことを指します。簡単に言えば、**行動を促す内なる力**です。個人の内側から湧き上がるエネルギーであり、目標に向かって進む力になります。モチベーションが高まると、困難な状況でも前向きに取り組む姿勢が生まれます。

このモチベーションがどのようにして生まれるかを理解することは、リーダーシップやマネジメントにおいてもとても重要です。

モチベーションは「高い」「低い」と言われますが、それがどういうことなのか具体的に説明できますか？　よく「今時の人はモチベーションが低い」と言われることもありますが、モチベーションに関しては、世代論ではなく、一人ひとりの性格や思考のクセなどの影響のほうが大きいです。仕事に対してモチベーションが低くても、他のことに対しては高いこともあります。

私は、**モチベーションが低いとは「ゴールまでスムーズに行けなさそうな状態」**だと考えています。ハードル走をイメージしてみてください。そこに並んでいるハードルが自分に飛び超えられそうなハードルばかりであれば、「やってみよう」という気持ちになりますよね。ところが、自分にはとうてい飛べなさそうなハードルばかりが並んでいると、その先に成長が待っていたとしても「飛べないかも」「当たったら痛そうだな」など躊躇するようなことばかりが頭に浮かんでしまい、その先に進めなくなります。

部下のモチベーションの高め方がわからないと悩む方は、まず**ゴールまでの道筋を示して「これだったらいけそう！」と思わせる方法**を考えてみてください。

自分のモチベーションの源は何ですか

メンバーのモチベーションを探る前に、まずはあなた自身のモチベーションについて考えてみましょう。

Q1：あなたが人から言われてモチベーションが上がる言葉はどのようなものですか？

例：社交的、几帳面、エネルギッシュ、早い

Q2：その言葉がうれしいと感じる理由はなぜですか。

例：社交的→小さな時に引っ込み思案で物静かだったから

Q3：反対に、モチベーションが下がる言葉はどのようなものですか？

例：しっかりしているね、大人しいね

Q4：なぜその言葉でモチベーションが下がるのですか？

例：しっかりしているね→いつもちゃんとやらないといけないと、プレッシャーに感じるから

リーダー層の人であれば、自分がどんなことにモチベーションが上がるかを自覚している人も多いと思いますが、「なぜ、モチベーションが上がるのか」まで踏み込んで考えられている人は意外に少ないです。

リーダー研修に限らず、さまざまな研修でこの「言葉」の持つイメージについて話すのですが、**ほとんどの方が自分なりの言葉のイメージを過去の経験を通して刷り込んでしまっている**場合が多いです。

たとえば、言葉としては「しっかりしているね」と言われ、プレッシャーに感じる

人もいれば、言葉通りしっかりしていると思われてうれしく感じる人もいます。今の時代、オンラインが当たり前となり、リアルなコミュニケーションの経験が減っていると言われていますが、一人ひとりが持っている言葉のイメージを刷り合わせることを怠ってしまうことで、**上司がよかれと思った言葉が部下にとっていい意味の言葉にならない場合も増えてきています。**

モチベーションが上がるかどうかは相手次第

人によってどんな言葉、あるいはどんなシチュエーションでモチベーションが上がるかは違います。その事実を知らずに、悪気なく部下のモチベーションを下げてしまっている人もいます。

たとえば、「頑張っている」と言われるのがうれしい人は、部下に対してもよかれと思って「頑張っているね」と言うことがあります。ところが、「頑張っている」に対して部下が考えている定義がズレていると、褒め言葉のつもりで言ったものが嫌味と受け取られることもあるのです。

また、人と競い合うことでモチベーションが上がる人は、チームでも競争を促そうとすることがあるでしょう。しかし、人と争うのが苦手なタイプの人は、モチベーションが上がるどころか苦痛でしかたないと思っているかもしれません。

モチベーションの感じ方は人それぞれということを認識し、メンバーのモチベーションにフォーカスするためにも、まずは自分のモチベーションを客観的に把握するところからスタートです。

あなたのモチベーションが上がる言葉は、どのような言葉ですか?

メンバーのモチベーションの源をどうやって見つけるか

前項で、モチベーションの源は人それぞれ違い、同じ言葉でも人によって過去の経験からその時に得た感情に左右されるので、捉え方が違うことをお伝えしました。そこで、部下との何気ない会話や面談の中で「成功体験」を聞くことをおすすめしています。

この仕事に就いてから、この会社に来てからの成功体験を聞くことはよくあると思いますが、実はそのもっと前、**子ども時代の体験の中にヒントがある場合が多い**のです。

私が継続的に関わっている企業では、社員みなさんの子ども時代の成功体験を聞かせていただいています。その内容、シーンの詳細はもちろん、その時に得たご自身の気持ちまで聞きます。

お聞きした後に、「仕事や会社で、この体験と似たようなことはありませんでしたか？」とお聞きすると、「そういえば……」と、似ている体験を思い出し、お話しくださる方が少なくないのです。

なぜ子ども時代の体験が大切かというと、**大人になるといろいろなことがわかり知識も増え、無意識の状態ではなく、様々な配慮や常識などにより体験自体が制約されてしまったりするからです。**

人それぞれ幼い時の記憶が何歳からあるかは差がありますが、ここにモチベーションのヒントがあることは、私がお付き合いさせていただいている100人近い社長様に聞いてみてわかりました。

「そういえば幼い頃の経験と、今の自分のモチベーションの源が変わっていないかもしれない」とおっしゃる方ばかりです。また、社員さんとの面談でも聞いてみると、「小さな頃に気持ちが高まっていたことって、今につながっているんですね！」という話になります。

話すことでわかることがある

たとえば、あるリーダーに面談した時のことです。その方はいつも、「自分には特別な特徴も取柄もないですし、今までそんなに成功体験なんてありませんでした」とおっしゃっていました。そこで私は、「では、自分の中で、これは初めての成功体験かな？　という体験を覚えてますか？　小学生や中学生、高校生でありませんでしたか？」とお聞きしてみました。すると、このようなお話を聞いたのです。

「そういえば中学生の時にバレー部だったのですが、私は背が高いわけでもスパイクがすごいわけでもなかったので、スタメン候補ではなくて、どちらかというと誰かがケガをした時に出る控えメンバーでした。ある時、試合中に足を捻挫してしまったメンバーがいて、急遽ベンチにいた自分が呼ばれ『サーブから交代するぞ』と言われたのです。呼ばれて驚きましたが、まあ負けているし、3年の夏で部活が終わるから、最後の記念で出してくれるのかなと思って試合に入りました。すると、もう負けているし接戦でもないので、いい具合に力が抜けていたのかサービスエースを取れたのです。そこからチームの雰囲気が変わり、なんとその試合で逆転勝利したのです。それが自分の中での一番の成功体験でしょうかね」

お話をされている間、この方はどんどん表情が明るくなっていきました。そして、「そういえば思い出すと、**もうダメかもというピンチの時に限って、『どうしようもない状況だからうまくいかなくても仕方ないよね』という気持ちになることで、妙にうまくいく**ということがよくあるかもしれません」と、自分のご経験を客観的に語られたのです。

「その時はどのようなことを考えているのですか？」とお聞きしてみました。

すると、「自分はいいけど、そこまで頑張ってきたチームメンバーがいるんだよな」とか「このまま失敗するにしても、あまりひどい状態では申し訳ないなと思っているだけ」とおっしゃいました。

中学生時代の部活の話からいろいろな話を聞かせてくださるうちに、「自分に成功体験があるとも思っていなかったし、こういうことが何よりも自分にとってモチベーションの源であることに初めて気づきました」と発見したのです。

そうなんです。モチベーションの源は、人に話すことで、自分自身が気づくことが多いものなのです。

メンバーにインタビューする

リーダーの方におすすめしたいのは、**あなたがインタビュアーになり、メンバーのさまざまなヒストリーをインタビューしてみること**です。

何も「今からインタビューしますよ」と伝えてはじめなくてもいいのです。会話の中で、「どんな子どもだった?」「子ども頃はどんなことが得意だった?」そんな切り口から、自分が話すのではなくインタビューをする気持ちで臨んでみてください。

子ども時代の話を聞くことで、きっと、今まで知らなかったその人ならではのモチベーションの源のヒントが見つかるかもしれません。

私の研修では、ワークタイムはグループやペアで取り組んでもらいます。「幼い頃の成功体験」のワークの後は、みなさんの表情が明るく変わり、しかもぐんとお互いの距離が近くなっているのを感じて、私までうれしい気持ちになります。

今の若い人は距離を縮められることを嫌がっているのではないかと考えがちですが、自分が主人公になるインタビューは日常にはなかなかない機会ですから、若い人でも新鮮に捉えるかもしれません。モチベーションの源と共に、その人の潜んでいる魅力も見つけられるかもしれません。

また、次ページに掲載するワークシートも使ってみてください。1on1面談の際に、あらかじめ記入して準備しておくとよいでしょう。成功体験からのモチベーションの源や工夫、自覚している課題やアドバイス、そしてメンバーが思い描いているキャリアビジョンを記入します。キャリアビジョンは、部下自身が具体的に描くのが難しいかもしれないので、上司としていくつかの案を伝えることもできます。そこから上司の役割として、このメンバーを育てていくプランを考えていくとよいでしょう。

モチベーションの源は、人生を振り返ると必ず誰にでもあるものです。

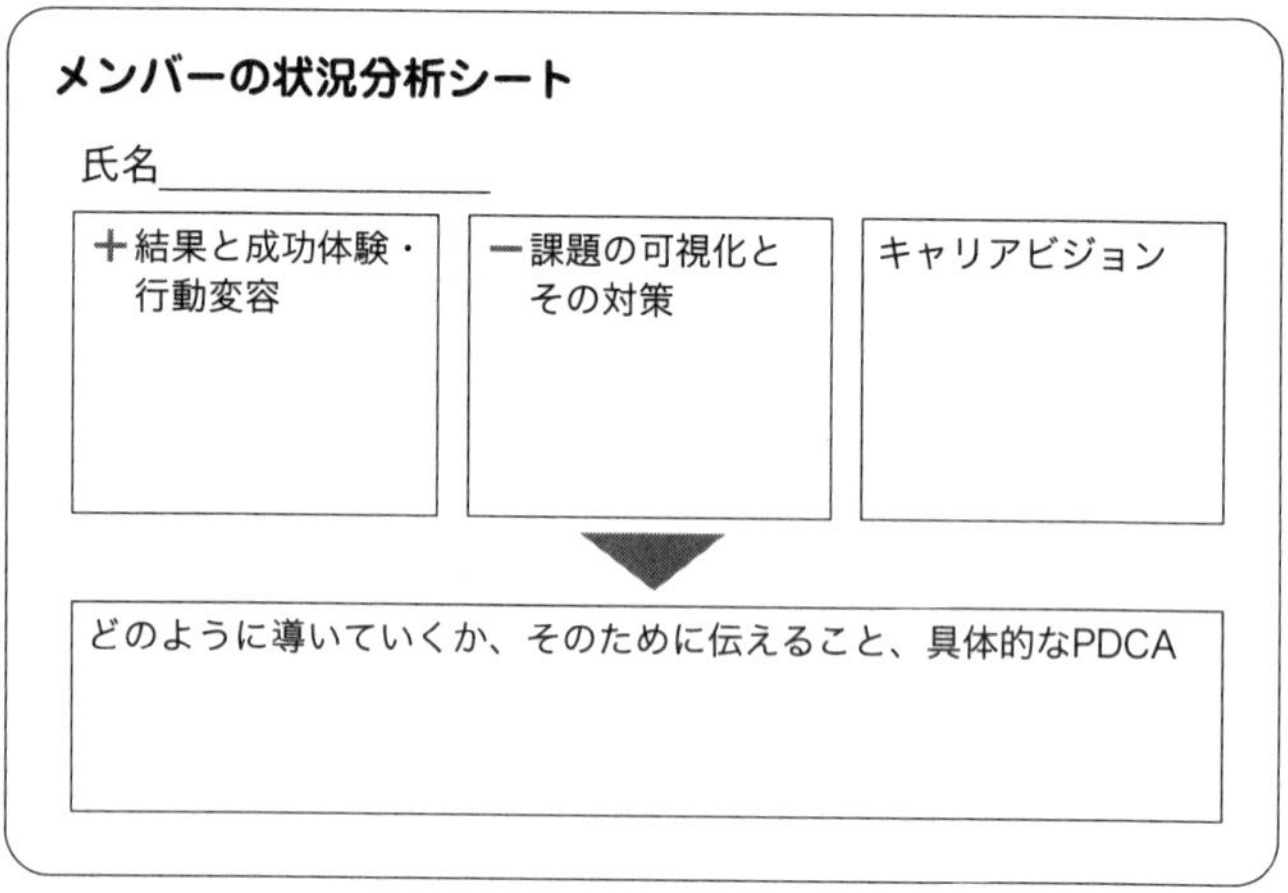

私は、自分のモチベーションの源を理解しているので、今ではモチベーションが上る状況をつくり上げる思考も身に着きつつあります。

リーダーであるあなた自身のモチベーションの源は、**自分を棚卸することで**気づきます。同じように、メンバーのモチベーションの源も、**メンバーを知ろうとインタビューでその人の棚卸をすること**で探っていくことができます。そうすれば、メンバー自身も自分の成功のタイミングに気づきますし、リーダーであるあなたも部下を励ます、導く際にとても有効なものになると思います。

やる気スイッチを探していますか？

モチベーションを上げるには大きく分けて2つの方法があります。

まず、**内的動因（ドライブ）**と呼ばれるものです。これは**自己満足や達成感、成長欲求など、内面から湧き上がる動機**です。たとえば、新しいスキルを習得することで得られる喜びや、目標を達成した時の達成感、あるいはそうした喜びを得られる期待や、好奇心・探究心などがこれにあたります。

一方、もうひとつは**インセンティブで、外部から与えられる報酬や評価**を指します。たとえば、昇給やボーナス、昇進、承認や賞賛が該当します。こうした外部からのインセンティブは短期的なモチベーションを引き出す効果がありますが、持続的な意欲を保つためには内的動因が重要となります。

たとえば、「英語のテストで95点以上取ったら好きなゲームを買ってあげる」と子どもと約束したとしましょう。これはインセンティブを提示して、モチベーションを上げようとする考え方です。一時的には効果的かもしれませんが、インセンティブには上限が必ずありますし、慣れてしまったり、あるいは次のテストからはなくなってしまったりすることもあります。そうすると、モチベーションは下がります。

一方で、英語の勉強を通して海外の人とコミュニケーションを取る楽しさを知り、自分の経験が増えていくことに喜びを感じたとしたら、その広がりは無限大です。内的動因には限界がないので、いくらでも広がっていきます。

内的動因は、以前学習塾のテレビCMで話題になった「やる気スイッチ」をイメージするとわかりやすいでしょう。**本人のやる気スイッチを探し、それをONにしてあげる**ことで、こちらから何かを強制したりやらせたりするまでもなく、自分で勝手に頑張るようになります。

人というのは不思議なもので、お腹が空いていたり、体が健康でなかったりすると働くことはできませんが、お腹がいっぱいで健康だからといっても仕事をしたくなるかといえば、そうではありません。**条件や環境を整えるだけでは、やる気スイッチはONにならない**のです。

その人のモチベーションの源は、行動特性や価値観に深く根ざしています。リーダーがその違いを理解し、適切なアプローチでサポートすることで、メンバーのパフォーマンスを最大限に引き出すことができます。

8章

成長欲求を呼び起こせ

リーダーの仕事は〝こなす〟ものではなく、人を成長させるもの

人間は生まれつき成長する動物であり、常に進化を目指しています。私たちは成長欲求があるからこそ赤ちゃんから大人に育つことができ、また人類の成長欲求があったからこそ文明は発展してきました。

成長欲求は、**単に物理的な成長や知識を拡大するだけでなく、自己の可能性を最大限に引き出して活かす**ということも含みます。リーダーはこの成長欲求をきちんと理解し、部下の成長をサポートすることが重要です。

部下の成長欲求（意欲）を刺激し、部下を成長させることは、結果的に上司である

あなた自身を成長させることにもつながります。本章では「成長」をキーワードに、上司の立場・部下の立場それぞれから、今よりもさらに成長を加速させるために必要なことについて考えていきます。

日本の場合、多くのリーダーはプレイングマネージャーであり、プレイヤーとしての役割とマネージャーとしての役割を持ち、パンク寸前まで仕事を抱えています。するとどうなるでしょうか。**仕事を〝こなす〟ようになってしまうのです。**

本来、リーダーの仕事は「人を成長させる」あるいは「人が成長するきっかけをつくる」ことなのに、その視点がすっぽりと抜けてしまい、マネジメントという仕事をこなすために、どう管理するかを考えたり、メンバーに何かを言ったりするという事柄にフォーカスしたやり方になってしまっている人が少なくありません。

わかりやすく言えば、物事をスムーズに進めるために**「お互いに会社の歯車になって動こう」という思い込み**があるのです。以前であれば、それでもマネジメントとして通用したのかもしれません。社会が発展途上で、人々の欲求レベルもまだ低かったからです。頑張って仕事をすれば、給料がもらえて、生活も豊かになることが約束されていました。

しかし、本書で何度もお伝えしてきた通り、今やその前提が崩れ、メンバーたちも「自己承認」や「自己実現」を目指すようになりました。それなのに組織側がいつまでも「管理する」マネジメントしかできなければ、彼らの欲求は満たされず、心も離れてしまいます。ここで大切なのは、次の2点です。

●リーダーの仕事は「部下を成長させる」ことだと捉えること

●部下は青天井に成長すると信じること

成長のカーブはさまざまですが、そもそも「人は成長する」という前提に立てていなければ部下を成長させようという気持ちが起こりません。口で何を言っていたとしても、その人が自分の成長に期待をしてくれているかどうかは、部下は意外によく見ていて敏感に察知しています。

答えが出ないことに不安を覚えるのは若い世代だけとは限らない

日本の教育では、国語でも算数でも答えが決まっていることがほとんどです。マークシートのように正解を選んだり、穴埋め問題を答えさせたりと、ひとつの答えを出させるという指導が大半で、自分の意見を述べる授業はほとんどありません。意見を述べたり、感想文を書くといった課題を出されたりすることもありますが、それらに対してよい／悪いといった評価がつくことは稀で、優秀賞として表彰される人がいたとしても、その「何がよかった」のかはわからないままです。評価するほうもされるほうも明確でわかりやすい一元的な評価に慣れきってしまった中、答えがひとつとは限らない問題に対する対応力がどんどん奪われているように感じます。

さらに今はスマートフォンが普及し、検索すればすぐに答えが出てきます。答えがわかっていることが当たり前になると、「わからない」ことが不安で仕方なくなるのです。若い人ほど**「答えがわかっていないと動けない」**傾向が強くあると感じます。

学生時代まではひとつの答えを導くことが求められてきたのに、**社会に出た途端に答えがひとつではなくなります。**特に最近はビジネスの世界ではスピード感が求められ、予測不能な状況や複雑な問題に対する柔軟な対応が求められる場面が増えており、ますますこれまでの常識や用意された正解では解けない問題に直面していくことになります。そんなギャップに戸惑いを覚える人も少なくありません。

さらに部下マネジメントにおいては、これまでは「上司の言うことは聞け」という正論ひとつで引っ張ってこられたはずのものが、「多様性」という考え方が入ってきたことで、急に曖昧なものに変わってしまいました。

会社として成果を上げなくてはいけないという点は今も昔も変わりませんが、そのやり方がひとつではなくなってしまったのです。たとえるならば、昔であれば、上司は太い一本の手綱を引けばよかったのに、今は鵜匠のように、たくさんの鵜を束ねてその全員が同じ方向を向けるようにうまくマネジメントしていかなくてはいけなくなった、というイメージです。

「多様性」というと、すべてのメンバーを尊重して、その人がやりやすいようにしてあげることだと勘違いをしている方が多いように思います。しかし、尊重するだけでは不十分で、**その人の個性や特徴を理解した上で、会社として目指す方向に動けるようにうまくマネジメントしていかなくてはいけない**のです。鵜匠も、それぞれの鵜を好き勝手に動かしていれば糸が絡まってしまいますし、肝心の目的（漁）が達成されませんよね。

大切なのは、会社の業績拡大、ビジョン達成の方向に動かしつつ、それが本人の成長にも密につながるという環境を整えることです。

「語る力」を身につけよう

その環境として、リーダーに身につけておいてほしいひとつの能力が**「語る力」**です。

リーダーであるあなた自身が、企業の目指す姿や方向性をよく理解し、長期、中期、短期と、ことあるごとに「旗を振る」ための「語る力」を練習することが大事です。

多様性の時代だからこそ目指すところを共有する、目的を指し示す、そのような「語る力」を日々磨いていってほしいと思っています。

そもそも、人は本来「わからない」ものに対して不安や恐怖を感じます。安全を求め、リスクを回避するというのは、人間の動物としての本能です。しかし、**答えが出ない冒険や新しいことに挑戦するのは楽しいこと**です。

上司であるあなた自身もそうした自分の成長を楽しみながら、メンバーたちにもその楽しさを伝えてあげてください。

後ろで支えてくれる人の存在に気づけば、もっと冒険できる

何かに挑戦しようか迷った時、見守ってくれている人の存在に背中を押されたことはありませんか？　子どもの頃、高いすべり台の上で躊躇していたものの、下で待っている親の顔が見えて安心して「エイッ！」といけた経験がある方も多いのではないでしょうか。

この時のお父さん、お母さんのような存在に、あなたがなってください。とも言いたいのですが、私はそもそも、**組織・会社というものが親のような存在**でもあるのではないかと考えています。

会社にはたくさんのステージが用意されています。その会社に入らなければ、その取引先と出会うことも、打ち合わせをすることも、プレゼンテーションをする機会もきっとなかったはずです。**組織に入るということは「場」が用意されている**、ということです。

そして、仮に自分が何かミスをしてしまっても、あなたひとりにすべての責任が来るわけではなく、自分の代わりに、または一緒に責任を取ってくれる人がいます。会社員が大きな失敗をしたとしても、最悪のケースで「クビ（解雇）」でしょう。財産を差し押さえられたり、命をかけたりするような場面は、社長以外はおそらくありません。**お互いがお互いの防波堤であり、失敗したり転んだりしても、受け止めたり支えたりできるのが会社**というものです。

このように考えると、実は会社というのはとても寛容であり、与えられている環境の中でできることは自分次第でいくらでも広げられるものなのです。この事実に気づいている人は、組織の中でとても伸び伸びと自主性を発揮して仕事を楽しんでいます。

リーダーが心得たい会社の存在意義

会社が「場」を用意してくれているという考え方は、メンバーはもちろん、リーダーにも改めて知ってほしいと思います。中間管理職は一般社員と経営者の板挟みになって孤立してしまいがちですが、実はこれも**「マネジメントの経験をさせてもらっている」**と考えると、現象の捉え方が変わってきます。

たとえば、部門を率いていると、ときに他部門との衝突もあるかもしれません。部門間の調整やネゴシエーションは大変ですが、経験したことがない人はその対応がどれだけ大変なのかもわからないままです。

個人事業主や経営者を経験したことがある人はわかっていることですが、人をひとり雇って成長させるというのはとても経営リスクが高く大変なことです。給与以外にも社会保険料や採用費、教育費、福利厚生費などのコストが甚大なだけでなく、ひとりの人の人生を預かるという責任もあります。

部下をマネジメントするという経験は、やりたくてもやれるものではないのです。会社がお金を払い、リスクと責任を背負ってくれているおかげでその場が用意されていることを改めて自覚しましょう。

今、あなたがつらい・面倒くさいと思っているその仕事も、確実にあなた自身の成長につながっています。

大人に関わる環境がどんどん減っている時代

20代の方々と話をしていると、社会人になっているにもかかわらず、対外的に自分の両親のことを「お父さんは～」「お母さんは～」と言う人がとても多いことに気づきます。大人と関わることが極端に少なかった彼ら・彼女らは、「大人の人（外の人）には、お父さんお母さんのことを父・母と言いなさい」なんて教わる機会もないまま育ってきたのです。

近所の子どもに声をかけようものなら不審者扱いをされてしまう時代です。同じマンションでも簡単な挨拶以外では声をかけづらいのが現状です。さらに、法事もシンプル化されて、親戚に会うことも減っています。昔は祖父母が躾をするということもありましたが、最近のおじいちゃんおばあちゃんは、親よりも甘い存在になっています。学校の先生までも友達感覚になってしまい、はじめてまともに自分の世代以上の人と話す機会は、アルバイトをはじめた時くらいです。

大人と関わる機会が減るということは、その人たちの話を聞く機会もないということで、**世代ごとの価値観を知らない**ということです。すると、ただギャップだけが生まれてしまい、理解ができない状態になってしまっています。

そこで私は、若い世代の方と関わる時にはあえてその世代に流行っているもの、見聞きして少し知っていることなどの話をします。そして時にはあえて対比して昔の話や世代の話をします。

「そんな昔の思い出話をして、嫌がられませんか?」とよく聞かれるのですが、彼らにとっては聞いたことも経験したこともないことばかりなので、「古い」どころか「新しい」こととして捉えてくれています。

かつてはよかった、自分はすごかったという話ではなく、相手の世代の話題を教えてもらいながら、自分の世代の共通の話をすることで、お互いのことをもっと理解できるようになるのです。

この人なら大丈夫と思ったら人は成長する

人は、相手が「自分に関心があるかどうか」は本能的に察知します。リーダーからの期待や気にかけられていることは誰でも敏感にわかっています。

情報が多く変化が激しい、答えも一律でなくなっている世の中において、誰かがそばにいて、自分の後ろで「大丈夫だよ」「思い切ってやってみよう」という後ろ盾があれば、一歩ずつでも人は成長できるのです。

成長欲求の速度は人それぞれですが、成長する環境があれば、確実に成長していきます。

それは部下も、リーダーであるあなた自身もです。

9章

リーダーとしてのセルフマネジメント

セルフマネジメントの鍵は「感情」と「時間」

ここ10年ほどで「セルフマネジメント」を重要視する人が増えました。個に焦点があたる時代になり、「私らしくとは何ぞや」ということを考える機会が増えたからでしょう。

セルフマネジメントとは、直訳すれば**「自己管理」**。目標の達成や自己実現のために、自分の感情・思考・行動のタイプを認識し、よりよい方向へと発展させていくことです。

セルフマネジメントの考え方はどんな人にとっても重要なものですが、特に「人を活かす」という視点がより重要になるリーダー層には、セルフマネジメントが必要不可欠です。

部下とは向き合おうとするのに、自分と向き合うことを忘れていませんか？

肩書きだけでは人がついてこない時代に、自分のことさえコントロールできていないリーダーに、部下のマネジメントはまずできません。チームのエンゲージメントとモチベーションを高めるためには、まず自分自身が高いモチベーションを維持しながら、ネガティブな感情に振りまわされることなく、パフォーマンスを最大限発揮する術を知ることが大事でしょう。

さらに今は職場に多様なバックグラウンドを持つメンバーが集まるようになり、働き方の選択肢も増えてきました。リーダーはそうした多様性を尊重しながら、チームをつくることが求められています。

そういった意味でも、リーダーのセルフマネジメントの重要性はますます上がっており、**自分のこともメンバーのことも、フラットな状態で見直して、無意識の思考や行動のクセを知り、うまくマネジメントしていく方法を知っておく**必要があります。

さらにセルフマネジメントを通じて、部下のワークライフバランスに対する理解が深まり、価値観の違いを受け入れることもできるようになります。

そもそも、みなさんは「セルフマネジメント」をどのように行なっていますか？

日本の学校教育では、セルフマネジメントを学ぶ機会はほとんどありません。会社で行なわれている研修に参加したり、自身で気づいてセミナーや書籍で学んだりしたことがある人もいると思いますが、そういう機会がないと、自分自身を知る、自分自身と向き合う時間を取ったことがないという方も少なくありません。

就職活動の時に「自己分析」をすることがあると思いますが、あれはどちらかというと自分の「よいところ」を発掘し、企業にアピールするための材料探しという側面が強いです。しかし、セルフマネジメントをするためには、自分のよいところだけでなく、欠点や弱みも客観的に把握しなければいけません。

実際に仕事をしていく中では、うまくいかなかったり、嫌いな人とつき合わないといけなかったりする状況も多々あります。そんな時に、感情に支配をされるのではなく、適切なアクションを取るためにも、自分の感情の揺れの傾向を知っておくことはとても大切です。

本章では、「感情」と「時間の使い方」に分けてリーダーのセルフマネジメントを紹介します。

自分の「喜怒哀楽」感情のバロメーターを知る

感情は、「熱意」と受け取られることで、時にリーダーシップの大きな武器として扱われてきました。感情的に、情熱的にぶつかり、部下の心を打ち、それで人をグイグイと引っ張っていくあり方がよしとされてきた時代は確かにありました。実際、そうした情熱的なリーダーに心を動かされた人も少なくないでしょう。

しかし、今はどうでしょうか。ハラスメントの問題が取り沙汰されやすくなり、また多様性のある社会を実現するためにさまざまな価値観を受け入れようとする中で、感情的で、「自分」を押し出すリーダーは敬遠される傾向が強くなってきました。リーダー層には感情をコントロールすることが求められ、「アンガーマネジメント」という言葉も一気に普及しました。

感情のセルフマネジメントにおいて、最も大切なのは自分の**「感情のバロメーター」**を知ることです。自分はどんな時に喜び、怒り、悲しみ、楽しみを感じるのか。実はこの感情のポイントや振れ幅は人によってまったく違うのです。そして、その感情を見せるのか、見せないのか。見せるとすればどのように見せるのかを、しっかりとコントロールすることが大切です。

よく「感情をコントロールしなさい」「できるだけ負の感情を持たないように」と言われますが、私は感情の揺れがあることそのものは悪いとは思いません。

それに、**喜びや楽しみの感情は積極的に出していったほうが、人間らしさを感じられ親しみを覚えられやすい部分**です。あまりにも感情が出ず淡々としすぎている人は、人間味がなさすぎて部下の目にも不気味に映ってしまいます。それよりもむしろ「この人はこういうことに喜びを感じるんだな」「こういうところにエネルギーが高まる人なんだな」と知ってもらうことで、チームの一体感をつくることにもつながります。

マイナスの感情をどうするか

また、怒りや悲しみといったネガティブな感情も、感じること自体は悪いことではありません。仕事をしていると、どうしても難しい場面にぶつかったり、苦手な人とつき合わなくてはいけなかったり、理不尽な目に遭ったりすることもあります。大切なのはその先です。それを自分の中でうまく飲み込むのか、よくない形で行動に出してしまうのか。**他の人の目に見えるのは「行動」の部分なので、そこをマネジメントする**ことが重要です。

やはり、特に気をつけなくてはいけないのが**「怒り」**の感情です。怒りが一瞬で沸点を超えてしまうことで、たとえば暴言を吐いたり、机を叩いたり、八つ当たりをしたり……と、衝動的に行動をしてしまい、後悔した経験があなたにもあるかもしれません。

どれだけ反省したとしても、「そんなつもりはなかった」としても、周囲の目に映り、評価の対象となるのは、そのイレギュラーな行動の部分です。

「怒り」の感情を分析して、客観性のクセをつける

「怒りのピークは6秒間」とも言われており、怒りを感じたら、6秒深呼吸する、紙に書き出すなど、怒りを抑えるさまざまな方法も広がっています。感情をすぐに表に出すのではなく、時間を置くことで怒りを鎮め、理性的に行動することを目指します。

私の息子は、幼い頃から体が人一倍大きかったので、幼稚園に入る時、「あなたが腹が立ち、人をパンチをすると、威力が人一倍大きいから、カッとなって手が出てしまわないように、嫌なことがあったら、手をグーッと握って我慢しなさい」と教えました。反射的に行動するのではなく、まずは自分の中で落ち着く時間をつくることで、怒りの感情をコントロールすることを教えていきましたが、それは今でも覚えている

ようです。

とにかく、怒りに任せた行動をしないためには、一度冷静になることが欠かせません。私が推奨しているのは、怒りの感情を分析し、客観性のクセをつけることです。

- **自分はどういう時に怒りを感じるのか**
- **何を許せないと思うのか**
- **どういうことを理不尽だと感じるのか**

人間には感情がつきものです。その**感情を可視化することが感情の暴走の「予防」**につながります。

たとえば私は、昔から自分なりの正義と異なることが起こった時に腹が立つところがありました。そこで自分にとっての正義は何かと突き詰めると、「義理を欠くこと、ずるいこと、自分本位なこと」だとわかりました。

ここでは「怒り」に焦点をあてていますが、自分のさまざまな感情の傾向を知っておくと、同様の現象にぶつかった時に、冷静になれます。**「嫌だ」という気持ちが芽生えた時に、「あ、また来たな」と客観的に感じ取る**ことができます。

その一瞬の気づきが、怒りの温度をグッと下げてくれます。確かに不快に感じている、怒っている自分がいるのですが、同時に**「自分は今、怒っている」ということを〝客観的に見ている自分〟という別の視点も持つ**ことができ、状況を冷静に把握することができるようになります。

すると、意識的に我慢して怒りを押さえ込もうとするのではなく、自然とスッと収まっていくことを感じられるはずです。

これは訓練なので、どんな人も繰り返していけば怒りのマネジメントができるようになるでしょう。

タイムマネジメントの原則は「可視化」

タイムマネジメント、時間管理についてはさまざまなところで語られていますが、どの手法にも共通するのが**「時間の使い方を可視化すること」**です。私もさまざまなツールや手法を試してきましたが、可視化こそがタイムマネジメントの基本だと確信しています。

特にリーダーになると、自分以外のことに時間を奪われることも増えていきます。それは部下と向き合う時間もそうですし、家族のこともあります。1日が24時間であるということは誰にも平等に与えられているものです。限られた時間の中で役割ごとの時間の使い方を細分化して考えることが、ますます重要になってきています。

そこでまずは、**1日の時間の使い方を可視化**してみましょう。仕事の時間だけではなく、プライベートの時間もすべて含めてください。きっとほとんどの人が毎日忙しくて、スケジュールもパンパンに詰まっているという状態ではないでしょうか。

さらに、もっとキャリアを積みたい、資格を取りたい、余暇を充実させたい、などプラスアルファでやりたいこともあるはずです。可視化した今の時間の使い方を見ながら、プラスで自分がやりたいことをどうやって組み込んでいくのかを考え、未来の時間の使い方も考えていきます。

思い込みがネックになっていることも

たとえば、こんな女性がリーダー研修の際にいらっしゃいました。彼女は時短勤務で毎日16時に退社します。その後、帰り道の途中で夕食の買い物をして18時までに保育園に子どもを迎えに行きます。家に帰り、食事をつくり、夕食は20時前後。子どもにご飯を食べさせて、お風呂に入れて、寝かしつけて……、結局疲れて自分もそのまま寝てしまう。「資格を取りたいのに勉強する時間がない」「子どもとちゃんと向き合う時間が取れない」と悩んでいました。

彼女の時間の使い方を見直すワークで、私は「買い物は毎日しないといけないの？」と質問してみました。土日にまとめ買いをしたり、配送サービスを使ったりすることで、その時間を削れるのではないかと、発想の転換を促してみました。

結局その女性は、毎日の買い物をなくして、退社後は保育園に直行し、それにより家での時間の使い方に余裕が生まれたといいます。その分、子どもに絵本を読んであげることもでき、寝る時間も早まったので、子どもが寝てから資格の勉強をできるようになったそうです。

「夕食の買い物を毎日する必要はあるか？」なんてことは、人によっては当然と思われるかもしれませんが、何かきっかけがないと、自分の思い込みに気づいたり、習慣化している行動を変えたりすることは難しいものです。

私の場合は、全自動洗濯機でした。乾燥機つきの洗濯機があることは知ってはいたものの、洗濯物はお日様にあてたほうがいいし、壊れてもいない洗濯機を買い替える必要はないという思い込みをずっと抱えていました。しかし、リウマチを発症して洗濯ばさみを使うことが思った以上につらいというきっかけから、思い切って全自動洗濯機に買い替えたのです。その時「こんなに時間に余裕が生まれるのか」と驚きました。毎朝バタバタと干したり、雨の日にガッカリしながらもう一度洗濯機を回したりしていたあの時間はなんだったのだろう……とさえ思ったものです。

1日24時間は誰にとっても平等です。しかし、多くの人がさまざまな役割を担っているからか、口グセのように「時間がない」と言います。「リーダーになると時間がなくなるから、ならないほうがよい」と工夫する前に諦めてしまっている人の声も聞くことがあります。

本当は改善できるのに、そこに気づいていないポイントはたくさんあります。時間の使い方を可視化することによってそれに気づき、あなたの思い込み、固定概念を外すことで新たな時間を生み出すことができるはずです。

ゴール設定をした上で、日・週・月単位の計画を立てる

1週間は7日、1ヶ月は28～31日、1年は365日。この単位での計画も考えておきましょう。

特にプレイングマネージャーのうちは「プレイヤー」の時間ばかりに焦点をあてがちで、**「リーダー」としての時間の計画**がきちんと立てられていないことが少なくありません。

たとえば会社から面談をやれと言われたからスケジュールを調整するのではなく、面談は時期が決まっていることが多いので、あらかじめ計画に組み込んでおくのです。

月末は忙しいですし、時期によっては数字が足りていない状況で、叱って終わりの

面談になりがちです。そういう意味でも日単位だけでなく、週・月単位の計画も立てておいて、「〇週目くらいには、こういう声かけをしよう」と決めておくとよいです。

また、計画をぎっちりと詰めすぎると、イレギュラーなことが起こった時の部下のフォローの時間が取れなくなってしまいます。あらかじめゆとりをもったスケジュールにしておきましょう。

計画する時は、何に重点を置いたタイムマネジメントを行なうかというゴール設定を考えます。たとえば私の場合、子どもが独立するまでは「子どもとの会話に重きを置く」「子どもとコミュニケーションを取る」ことを意識してタイムマネジメントを行ないました。夕食は手軽につくれるものや時間がある時に煮込み料理をつくっておくとか、時間がない時は買ってきたものでもOKとして、子どもと一緒に食卓を囲んで会話することを心がけていました。

私は手帳が好きなので、毎年、役割ごとのゴール設定をした上で、時間を配分し、日々のＴｏＤｏに落とし込んで手帳に書き込んでいます。

　そうすることで自分自身の納得感が増します。「それぞれの役割の目的、目指す姿」を描いて、時間に使われるのではなく、自分が時間を有効に使いこなすイメージを持つようにしています。そのためにも、手帳に書いて可視化することが欠かせません。

著者からのアドバイス

リーダーの「DiSC®」傾向による タイムマネジメントの特徴

Dスタイルの傾向を持つ方へ

効率性を重視するので、時間管理をしたりスケジュールを組み立てたりすることが得意で、目の前のToDoリストをサクサクとこなしていきます。目標は絶対で妥協なく推し進めるあまり、まわりをよく見ないところがあります。それはビジネスに限らず、たとえば引っ越しや介護など、プライベートでも今からできることは「こうしたい」「こうありたい」という目標のもと、まわりの状況も視野に入れておくと自分が進めたい時に進めやすいかもしれません。

iスタイルの傾向を持つ方へ

次から次にアイデアが浮かんでくるので、自分でも気づかないうちに考えることに時間を使っている可能性があります。計画を立てていても、今思いついたことをやりたくなってしまう傾向があります。また、気持ちが落ちると、そこで時間が止まってしまい動けなくなってしまうことがあります。

やりたいことだけやって、苦手なこと、継続していくこと、地道に行なうべきことをやらない傾向があるので、そのことを楽しむ工夫、たとえば「毎日○○を1週間続けられたら週末は好きなことに没頭する！」というように、ご褒美的な要素を入れてみると工夫大好きなiスタイルの人にとってはワクワクするかもしれません。

Sスタイルの傾向を持つ方へ

他者視点やまわりを気にするところがあるので、物事を決められず悩んでいるうちに時間が経過していることがあります。一度決断しかけたことも「こっちのほうがいいかも」「直感で決めていいのかな?」と行きつ戻りつの思考に陥りがちで、時間をロスしてしまい、先延ばしして機を失っているかもしれません。まずは着実なこと、継続できることからしっかり行なうことが得意なSスタイルだからこそ「継続はチカラ」になるかもしれません。やれることからスタートしましょう。

Cスタイルの傾向を持つ方へ

細かいところまで、きっちりとタイムマネジメントして計画性を重視します。ただ計画性が高い分、計画にこだわってしまうところがあり、イレギュラーな事態が起こった時にパニックになってしまうことがあります。また、慎重に判断しようとして、反射的に反応しないため、気づいたらボールをたくさん持ちすぎてToDoが処理されていないということが発生するかもしれません。
スケジュールを立てる際に、少し余裕や余白を持ち、急なことにも対応できるようにしておきましょう。プライベートに関するイレギュラーにも対応できるように、ゆとりは必要です。

※「Everything DiSC®」のパーソナリティアセスメントは、目的別にパーソナライズされたフィードバックが提示されます。詳細が知りたい場合は、「DiSC®」認定資格者のもとでアセスメントを体験してください。

エピローグ

メンバーが自ら考え動くようになるには

時間はかかる、でも諦めない姿勢を見せ続ける

「この部下はもっと成長する」――。私たちがどれだけ心の中でそう思っていたとしても、その思いがメンバーに伝わっていなければ意味がありません。見えるのは「行動」だけであることを本書でも繰り返し書いていますが、ここでも同じで、**部下の成長を諦めない「姿勢を見せ続ける」**ということが重要なのです。

この時「あなたならできるよ！」「信じてるよ！」というストレートな熱いエールを送るのもよいですが、それ以上に日々の声かけや部下の行動に対するフィードバックなど、日常の些細なアクションを取り続けることがより効果的です。

今はＬＩＮＥやチャットワークなどのツールが普及しています。たとえばプレゼン

当日に「応援しているよ」といった一言程度の軽いメッセージが送れます。わざわざ電話やメールを使わなくても、こうしたツールで簡単に、かつ頻繁に伝えられるのです。

姿勢を見せるとは、逆に言うと、**「姿勢を見られている」**と言い換えることができます。アクションの頻度はもちろん、その時の言葉の使い方や、他のメンバーとの対応の差など、さまざまなポイントが実は見られています。

意識的に「よいアクション」を取ることは比較的容易ですが、**無意識に行なってしまっている「ネガティブなアクション」を改善することは、言葉で言うほど簡単ではありません。**なぜなら、本人が気づいていないからです。場合によっては「よかれと思って」やってしまっていることも少なくありません。

たとえば、次のようなパターンがあります。

【人によって対応の差がある】

アクションの頻度や声のかけ方、表情など、人によって対応の差が出ていることがあります。特に自分と似ている「DiSC®」スタイルの人には話しかけやすいので、つい声かけが増えてしまうことがあります。しかし、これを他のメンバーたちは「期待している人」と「期待していない人」の差だと感じます。誰に対してもフラットに接するという意識は常に持っておかなくてはいけません。

【ネガティブな言葉で上塗りする】

よかれと思って、先々を心配してネガティブな発信をしてしまう上司が、思いのほか多いです。

「今回は競合が強いから無理だと思うけど、できる限り頑張って」
「コスト面で厳しそうだし、ダメ元のつもりで精いっぱいやっておいでよ」

このように、失敗した時のダメージを最小化しようと「ダメで元々だよ」という励まし方をしてしまうのです。上司たちは「気を落としてほしくない」「傷つかないようにしてあげたい」という善意からの声かけであっても、ネガティブで上塗りをされた部下は、「ダメだ」「無理だ」「契約なんて取れない」など、できないイメージばかりが頭に浮かんでしまいます。

この問題の難しいところが、本人はいたって無自覚なところです。自覚がないからこそ何度も同じことを繰り返し、知らぬ間に部下からの信頼を損ねている人も少なくありません。

そこでリーダーは、**メッセージを送る前、声をかける前に「この言葉で相手はどう感じるか?」と、一度考える**のです。1日の終わりに「今日○○さんに伝えたあの言葉、もしかしたら違う意味で捉えられていないかな?」などと少し振り返る。このようなことの蓄積で、いつの間にか自然に相手の気持ちが想像できるようになります。

この時にも自分自身の「D・iSC®」を知っておくことがとても役に立ちます。「D・iSC®」スタイルを知ることで、**自分が無意識に何をやりがちなのかをつかむ**ことができるので、無意識のまま暴走してしまうことを止められます。

変化のタイミングを見逃さない

人によって成長スピードはさまざまです。成長の矢印が急激に上向く人もいれば、ゆっくりとジワジワと成長していく人もいます。その**変化に気づき、タイミングを逃さずに声をかけることが、次の成功体験につながっていく**のだと私は思います。

ところが、上司もタイプがさまざまです。部下の変化に対する感度が鋭い人と鈍い人はやっぱりいます。

たとえばあなたは、今日街を歩いていて、何か気づいたことはありますか？　印象に残っていること、「あれ？」と違和感を持ったこと、「なぜ？　どうして？」と思ったことはありますか？　もし何もないというならばその感度が鈍くなっている兆候かもしれません。

街の風景と部下の成長。関係のないように見えて、「違和感に気づく」感度はすべてにつながっています。「看板が変わったな」「なんであの色なんだろう」「最近はこういうのが流行っているのかな」など、いろいろなアンテナを立てながら歩くことを意識してみてください。

「人は変われる」という前提で、人は環境次第で変化するし、変わる可能性を信じていきたいと思います。

それを信じていなければ、必ず目の前の相手に見透かされてしまうでしょう。

小さな子どもは、たった1日でものすごい変化をします。いつのまにか大人になるとそれ以上成長しないという思い込みを持ちがちですが、身体の成長は止まったとしても他の部分はいくらでも成長できるはずです。そこでわざわざ「人は変わらない」という前提に立つ必要もないのではないでしょうか。

成長に時間がかかるタイプのメンバーもいる

人は何歳になっても成長できると信じていますが、一方でその成長スピードに大きな差があることも実感しています。

成長に時間がかかると感じるのは次の特性の人です。

- 理解が遅い人
- 自己肯定感が低い人
- プライドが高すぎる人
- なかなか動けない人

このタイプのメンバーを育成するには、時間と根気が必要です。しかし諦めないでください。あなたの働きかけ方次第で、少しずつでも必ず変わっていきます。

理解が遅い人

まず、理解が遅い人について。研修を担当していても、「5伝えて10わかる方」もいれば「10伝えても10わからない方」もいます。ここで有効なのが**「具体的な事例」**です。理解が遅い人は、抽象的な理論を説明されても、それを自分の状況に置き換えて考えることが苦手です。そこで、その人の**仕事や経験してきたであろうシチュエーションに沿った具体的な事例**を説明することで、咀嚼し飲み込みやすくなります。

次は**「真似る」**ステップです。学ぶの語源は「まねぶ」、つまり真似ることです。「まずは真似してやってみよう」と行動を促してみましょう。少しずつエンジンがかかってくると「他にも真似るもの（参考にできるもの）はありますか？」と向こうから聞いてくるようになります。

ここまで来たら次のステップを意識しましょう。「事例を伝えて真似ること」を繰り返していくやり方が本人にとっても一番楽な道ではありますが、このままでは次第に「依存」を生みます。そこで、**自分で考えて動くためのサポート**をはじめます。「自分で何か浮かぶアイデアは出てきましたか？」「次にどのようなことができますか？」などと問いかけてみましょう。出たものに対してフィードバックして修正する、というステップに移っていきましょう。

自己肯定感が低い人

次に、なかなか自分のできていることにフォーカスできずに、できていないことが気になる方です。ちゃんとできているのに、褒めても「いや、私なんてまだ全然できていないです」という発言が出てきます。自己肯定感の高さはその人の能力の高さと比例しません。どれだけ魅力や技術を持っていても、それを自分自身で認められないがために、**能力が高い人ほど自己肯定感の低さが成長の足かせ**になってしまっています。本人の中にも「成長したい」という欲求はきちんと持っているのに、何かが邪魔をして思いっきりジャンプをすることができなくなっているのです。

こちらがどれだけ「できているよ」「いいよ」と褒めても、本人がそれを認められない限り、そこから先に進むことができないことが多いです。そこで、そのような場合には、仕事の話だけではなく、あえてパーソナリティに触れる話をするという方法があります。

たとえば、プレゼンを控えたメンバーに励ましのメッセージを伝えるという場面を想定してみましょう。

上司「資料もよくできているし、あなたは話が上手だからきっとうまくいくよ」

部下「いや、私なんて資料もうまくつくれないし、話も熱意だけです……」

これを、パーソナリティに焦点をあてた会話にしてみましょう。

上司「あなたの提案は自分ありきではなくて、まわりがどうなるとよいかということを考えられているし、そうやって常にみんなを思っているあなたの人柄って本当に素晴らしいと思うよ」

部下「いや、それくらい誰でもやっているのではじゃないですか」（まだネガティブ）

上司「いやいや、誰もじゃないよ。全員が人のために考えているつもりでも行動が伴っていない場面もあると思うけど」

部下「いや〜、たしかにそう思って動いていない人もいますね……」

上司「そうでしょ？　もちろんみんなのことを思える人もいるし、そうじゃない人もいてもいいのだけど、周囲の人を思って行動できることが最優先になっているのはあなたの魅力だよね」

部下（これは私の魅力なのか……！）

このようなやり取りを重ねていくうちに、部下のパーソナリティの方向性を変えていくのです。目の前の仕事のスキルだけでなく、パーソナリティの部分まで含めて、その人のよいところを伝え続けてあげることで、次第に自分の魅力を認識できるようになっていきます。

相手のよいところを言葉にして伝えるのは照れもあるかもしれませんが、**「言葉」というギフト**を与え続けることで自己肯定感を高めることができるでしょう。「こんなに私のことを見てくれているんだ」という信頼感にもつながります。

プライドが高すぎる人

さて、次にプライドが高すぎる人。実は、できないことをできるようにすること以上に、「できている」と思っていることを覆すことのほうが難しいのです。特に成功体験を積んでいる人ほど、自分のやり方が絶対に正しいと考える傾向が強くあります。研修に行っても「僕には必要ありません」と拒絶する受講生も中にはいらっしゃいます。

よくよくその上司の方にお聞きすると、うまくいったやり方はたまたまそのシチュエーションに合っていたとか、自分の行動特性と相性がよかっただけだということもあります。

この場合、これまでのやり方が合わないケースに遭遇した途端、うまくいかなくなります。

プライドが高いタイプのメンバーに対しては「それ以外の方法もあり得る」「プライドが時にあなたの成長にブレーキをかけている」ということを気づいてもらうためのアプローチをしてみます。そのプライドは恐れからなのか、本来自信がないからなのか、やり方が違うと戸惑うからなのか、気づかせるように「問い」を投げかけてみましょう。

たとえば、「違うやり方だと何か支障があるのかな?」「他の方法でチャレンジしたことはある?」など、気づきを与えることで頑なになっているしこりのようなものを溶かしていきます。

なかなか動けない人

指示を出しても、納期が決まっていても取りかからず、何でも先送りして、なかなか動き出せない人もいます。思わず、「えっ！　まだやっていなかったの？」「そんなに考えずに、とにかくやってみればいいんだよ」と言いたくなることもあるでしょう。

なかなか動けないでいる人には、「動けない理由」が大きく2つあります。

理由のひとつ目は、仕事や作業の大きな幹の部分は共有されていても、「どういう効果があるのか」「目的はなんだろう」と思って止まってしまい、**枝葉の部分がイメージできず、タスクが浮かんでこない**ので動けないという点です。

そういう方とは、まずはもう一度ゴールの共有をしましょう。ゴールというのは単に数字だけではなく、ゴールした時に見える景色を伝えることも大切です。

たとえば、富士山を登ろうとした時、「3776メートルの日本一の山に登ろう」と言うだけではなく、「頂上で、雲海と一緒に夕陽を見よう」など、見たいシーンも一緒に伝えます。

次に、**付箋を利用して枝葉を出していく方法**を紹介します。縦横5センチ以上ある付箋を用意して、**3〜5分の間に思いつく「やること」をできる限り書いていきます。**

これは、部下だけではなくリーダーにもよくしていただくワークです。

たとえば、「○月○日に初めてのお取引先へのプレゼンテーションで準備すること」をあげていくとしましょう。

- プレゼン資料をつくる
- プレゼン資料の確認を上長にする。そして修正する
- 取引先人数分の資料を印刷する
- プレゼンの日時の再確認をする
- 会社案内を必要部数用意する。封筒に入れる
- 名刺も忘れずに確認　などなど

あらゆることを思いつく限り書き、それを内容別に仕分けしていきます。人は時間を制限されると、一生懸命に脳を動かしはじめます。その後、内容別に仕分けし、「ど

のように」「いつまでに」を考えるようにすると、行動変容につながっていきます。これを「習慣化」していくことで、トレーニングできていきます。

「なかなか動けない人」の2つ目の理由は、**仕事全体のイメージ力が少ない**ことです。これは年々、若い方に増えているように感じます。

研修では、「なぜなぜゲーム」というワークを入れることがあります。「今回の研修会場で、『あれ？　なぜかな？』と思うことはありますか」と聞いてみます。すると、40名くらいの受講生の中で、手をあげる方はひとりか2人です。

この「なぜ」は、とても大事なものです。「なぜ」と思って調べるのと、「なぜ」と思わずにただ情報を入れるだけでは応用力に差が出るからです。**「なぜ」と思ってインプットしたことは忘れませんし、頭の中の似たような話の引き出しを開けて照合したりするからです。**

正解をすぐ出そうとしなくていいのです。今やスマートフォンを見ればすぐに正解がわかるからこそ、「なんでかな？」「こういう意味かな？」と考えて脳を鍛えていくことが大切なのです。

便利なツールがたくさんあっても、それが必ずしも「生産性の向上」につながっていないのは、仕事をする上でのイメージ力が低いからです。ひとつの指示では、具体的にやることがわからない、またはすれ違っている部下が、動けずに困っているかもしれません。

そんな時はリーダーとして、トレーニングする環境を用意し、自ら動いていけるように育てていきましょう。

メンバーが成功体験を積んでいけばプラスのスパイラルになる

部下育成のゴールは、部下のスキルを上げることではなく、**部下が自分で考えて行動できるようになる**ことです。

部下としても、上司の手を離れ自分で考えて動けるようになると、仕事がもっと面白くなります。ある程度自分で差配ができる、つまり自分で考えて動けるようになった時期くらいから仕事に対するやりがいもアップしていきます。

ところが今、多くの若い人が「仕事の本当の面白さ」に気づく前に職場を離れてしまっています。そこには時代背景や環境の変化、モチベーションの違いなどがありますが、私は上司の立場にある方々に**「どうすればもっと仕事が面白くなるのか」を語ってあげてほしい**と考えています。

部下の立場から見て、上司はすでに出来上がっていて、ダメなところなんてないように見えていることもあります。しかし、みなさんご自身もたくさん悩み、失敗し、「仕事が面白くなくて辞めたい」と思っていた時期もあったかもしれません。そういう経験をもっと知る機会があったほうがメンバーは聞く耳を持ちます。

「こういう失敗をした。だからそれを反省して、このようにしたらうまくいった」。そんなストーリーを語ることで、「じゃあ、自分もやってみようかな」という気持ちになり、距離が縮まります。

単なる苦労話や自慢話、「昔はよかった」という話では逆効果になってしまうため、バランスは重要です。着地点として、必ず今の時代にも当てはまり、最初からすべてできる人はいないし、伸びしろがあることに期待を持てる内容にしましょう。

【NG例】

「昔は、頑張れば頑張った分だけ賞与が上がるから、やりがいがあったんだよね。今はそうじゃないから大変だよね」

これでは、ただの昔を懐かしむ自慢話にしか聞こえず、それを聞かされた部下も何をどう頑張ればいいのかわかりません。

【GOOD例】

「営業って〝いかに伝えるか〟だと思ってトークを磨いてたんだけど、なかなかうまくいかない時期があってね……。そんな時、お客様に『いつもお客様のためにと言う割に、きみはちゃんと話を聞いてくれたことないよね』って言われたんだ」（失敗談）

↓

「それで、これからは『聞く』を8割にしようと意識してみたら、一生懸命自分が話をしていた時よりも成績がよくなって、お客様が求めていることと自分が思っていることが違うんだということに気づいたんだ。それから営業スタイルが変わったな」（工

夫や気づき)

↓

「今は昔よりも『傾聴』が重要視されているし、ビジネス本でも多く紹介されて、誰もが意識しているから、より傾聴がポイントだね」(今の時代に合わせた着地)

過去に起こった事実だけを話してしまうと、それは部下の耳には自慢話や懐古談にしか聞こえません。そのエピソードをメンバーが取り組めるようにアレンジして伝えることで、あなたの人間味だけでなく、どうすれば仕事が面白くなるのかも感じてもらえるのではないでしょうか。

部下の成長の大きな一歩になる

そうして根気よく関わり続けていくと、ゆっくりとした歩みだったものがどんどん速くなり、**一気に成長のスパイラルに入っていくことがあります。**こうしたプラスのスパイラルに入っていくと、明らかに変わることがあります。それは**「提案の数」が増える**ことです。

これまでは1から10までを教えないと理解できず、「何をすればいいですか？」と、毎回聞きに来ていた人が、「こういうことをやろうと思いますが、どう思いますか？」と、提案型の相談にやってくるようになってきたらうれしいですよね。

この提案が出てくることが、大きな成長の一歩です。

リーダーとしても、これまでのように一つひとつの行動に対してフィードバックするあり方から、メンバーが自ら考え動こうとしている背中を押してあげ、部下のステージが変わるタイミングをつくってあげることができます。

おわりに

最後までお読みいただき、本当にありがとうございます。

本書はリーダーとして「人を導くってなかなか大変だな」「時間もかかるな」と思っている方に、人を育てることが自分を育てることにつながることを感じていただきたく、私の研修を通して得た行動分析のノウハウやスキルを具体的に書かせていただきました。

私のキャリアのスタートは、キティちゃんでおなじみの「サンリオ」でした。サンリオで出逢った上司、リーダーの方々からの影響で、自分の人生観が大きく変わりました。そこで自分の可能性を伸ばすことを楽しむ術を覚えて、現在に至ります。

私はとても自己肯定感が低い子どもでした。ストイックな両親という家庭環境の中、「はじめに」にも書かせていただいた見た目のコンプレックスもあり、自分の足りないところがいつも気になり、顔を上げて歩けないほどでした。私が若い頃、女性としての生き方のレールはまだまだ決まっていた時代、大学受験に乗り損ない1年浪人してしまった私は、当時で言えば脱線状態でしたが、大学卒業後は運よくサンリオに入社できたのでした。

人事部に配属された私は、見た目が大人びてしっかり見えるし雑用なども頑張ってやっているからと、入社3ケ月で来年度入社の採用担当になりました。そこで「え？今までマイナスだと思っていたことも活かされることがあるの？」と驚いたことを鮮明に覚えています。

また、課題を与えると俄然張り切る私を見込んで、当時ワープロソフトはＷｏｒｄしかない時代に主任から、「社員データをもとに、社員証を印刷してつくって。やり方は自分で考えてね」と言われ、寝ても覚めてもこのデータをどのように移行したらサンリオ柄の用紙の所定の位置に名前や社員番号が来るかを考えました。ある夜、夢の中でやり方が浮かび、そのまま早く会社へ行って夢の通りやってみると、見事うまく印刷できました。キャリアも浅い私が一生懸命に取り組んでいるのを見守ってくださった上司は一緒に喜んでくださいました。

また、仕入部に異動した際は「不要な在庫を抱えすぎず、必要な時に倉庫から出荷すること」と「取引先は多数、アイテムもたくさんで、それぞれの企業規模、商品の生産過程が違う」という複雑な条件の中、「どうしたら希望の時期に商品が入るだろうか」と考える毎日でした。当時の私は、課題に向かうことでエネルギーを発揮することを自分で自覚していたので、積極的に「取引先の製造過程を見に行きたい」と上司に伝えました。仕入部にはほかにも女性がいましたが、そんなことを言い出したのは私だけ。それでも、係長、次長すべての上司が、「行きたいなら行ってこい」と言って、出張費もかかる中、行かせてくれたのです。そして、会社に戻り仕入れコントロールに活かせるアイデアをうれしそうに意気揚々と話す私の話を嫌な顔ひとつせず聞いてくださいました。

そのような自分を伸ばしてくれた環境の中で自分を知り、人生において大きな財産を得て、今、こうして講師業をしています。もし、私を活かしてくれる環境や上司の声がけがなかったら、きっと仕事に邁進する喜びを感じることができず、心の財産も貯まっていなかったかもしれません。

私が人財育成コンサルタントとして意識しているのは、人は成長する動物だということです。まわりにいる人、特に企業ではリーダーの存在が自分にも人にも大きく関わってきます。どうぞ、仕事を自分の中での「成長」というかけがいのないものにして、人生を豊かにし、充実した時間を少しでも増やしていただけたらと思います。

さて、本書を出版するにあたり、多くの方々のご縁やサポートをいただきました。出版社とのご縁をいただきましたのは、尊敬してやまない株式会社ハー・ストーリィの日野佳恵子社長の交流会でした。そして、「Everything DiSC®」をはじめとして、数々の人材アセスメントを扱っていらっしゃるＨＲＤ株式会社のみなさま、いつも私のいろいろなお願いに快くご対応いただき本当にありがたい限りです。

そして、本書の企画から制作を担っていただいた同文舘出版の津川様、そして素晴らしい文章力でサポートいただいた但馬様のご尽力なくては成し得ないものでした。今回は事前にお二方にも「D・i・S・C®」アセスメントを体験していただき、お互いのスタイルを知り合いながら、「D寄りの・iスタイル」の私にお付き合いいただいて本当に感謝でいっぱいです。

そして何よりもこの本を手にとっていただいた読者のみなさま、本当にありがとうございます。

今日より明日が、少しでもよりよい日になりますように。

2024年9月

余語まりあ

読者特典

「リーダーのキャリアやスキルアップ・
部下との関わりで役立つワークシート」

本書で掲載したワークシートを含めてお送りします。
下記よりお申込みください。

https://ws.formzu.net/sfgen/S334252253

※特典に関するお問い合わせは、著者までお願いいたします。
※この特典は予告なく終了する場合があります。

「Everything DiSC®」アセスメントに基づいた
体験へのお申し込みやお問い合わせはこちらまで

https://ys-effect.co.jp/contact/contact_disc/

著者略歴

余語まりあ（よご　まりあ）

株式会社ワイズエフェクト　代表取締役
人財育成コンサルタント／DiSC® パートナー
大学卒業後、株式会社サンリオ入社。その後、東海テレビ「講師養成講座」の受講を経て起業。ビジネスパーソン向けに、自身の能力や可能性を引き出して活かす社員ブランディングを提唱し、新入社員からリーダー層・管理職向けの人を活かす階層別研修を実施。ほかにも、販売職、営業職向けにお客様への効果的なアプローチ研修なども行ない、これまで、トヨタ自動車やNTT ドコモをはじめ大手企業から中小企業まで 67,000 人以上が受講している。社員の可能性と能力を引き出し「思考」と「行動」を変えることで、企業成長へつなげていく研修が支持されている。
著書に『あなたはもっときれいになれる』（あさ出版）などがある。

株式会社ワイズエフェクト　ホームページ　https://ys-effect.co.jp/

行動傾向分析で磨く
個性を活かすリーダーのコミュニケーション

2024 年 10 月 8 日　初版発行

著　者 ―― 余語まりあ

発行者 ―― 中島豊彦

発行所 ―― 同文舘出版株式会社

東京都千代田区神田神保町 1-41　〒 101-0051
電話　営業 03（3294）1801　編集 03（3294）1802
振替 00100-8-42935
https://www.dobunkan.co.jp/

ISBN978-4-495-54172-9
印刷／製本：萩原印刷
Printed in Japan 2024